イラストでわかる

日本の神々の教科書

イラストでわかる
にほんの
かみがみ
のきょうかしょ

監修：椙山林継
（かんしゅう）（すぎやましげつぐ）

KANZEN

目次

古事記の世界 ……… 4

第一章 天地の始まり

天地開闢 ……… 10
- 天之御中主神 ……… 14
- 高御産巣日神 ……… 15
- 神産巣日神 ……… 16
- 宇摩志阿斯訶備比古遅神 ……… 17
- 天之常立神 ……… 18
- 国之常立神 ……… 19
- 宇比地邇神・須比智邇神 ……… 20
- 角杙神・活杙神 ……… 20
- 意富斗能地神・大斗乃弁神 ……… 21
- 淤母陀琉神・阿夜訶志古泥神 ……… 21
- 伊邪那岐神 ……… 22
- 伊邪那美神 ……… 23

国生み ……… 24
- 水蛭子神 ……… 28
- 生島神・足島神 ……… 29

神話コラム① 神紋 ……… 30

第二章 八百万の神々の誕生

神生み ……… 32
- 家宅六神 ……… 34
- 大綿津見神 ……… 35
- 速秋津比古神・速秋津比売神 ……… 36
- 志那都比古神 ……… 37
- 久久能智神 ……… 37
- 大山津見神 ……… 38
- 鹿屋野比売神 ……… 39
- 鳥之石楠船神 ……… 40
- 大宜都比売神 ……… 41
- 火之迦具土神 ……… 42
- 金山毘古神・金山毘売神 ……… 43
- 波邇夜須毘古神・波邇夜須毘売神 ……… 44
- 弥都波能売神 ……… 45
- 和久産巣日神 ……… 46
- 豊宇気毘売神 ……… 47

伊邪那美神の死 ……… 48
- 泣沢女神 ……… 50
- 天之尾羽張神 ……… 51
- 石折神・根折神・石筒之男神 ……… 52
- 甕速日神・樋速日神 ……… 53
- 建御雷之男神 ……… 54
- 闇淤加美神・闇御津羽神 ……… 55

黄泉の国 ……… 56
- 天照大御神 ……… 60
- 月読命 ……… 61
- 建速須佐之男命 ……… 62
- 八雷神 ……… 63
- 衝立船戸神 ……… 64
- 道俣神 ……… 65
- 八十禍津日神・大禍津日神 ……… 66
- 神直毘神・大直毘神 ……… 67
- 綿津見三神（底津綿津見神／中津綿津見神／上津綿津見神）……… 68
- 住吉三神（底筒之男神／中筒之男神／上筒之男命）……… 69

神話コラム② 神使 ……… 70

第三章 三貴子の物語

須佐之男命の誓約 ……… 74
- 宗像三女神（多紀理毘売命／市寸島比売命／多岐都比売命）……… 78
- 天之忍穂耳命 ……… 79
- 天之菩卑能命 ……… 80
- 天津日子根命 ……… 81
- 活津日子根命 ……… 82
- 熊野久須毘命 ……… 83

岩戸隠れ ……… 84
- 思金神 ……… 88
- 天津麻羅 ……… 89
- 伊斯許理度売命 ……… 89
- 玉祖命 ……… 90
- 布刀玉命 ……… 90
- 天児屋根命 ……… 91
- 天宇受売命 ……… 92
- 天手力男神 ……… 93

神話コラム③ 鳥居 ……… 94

第四章 出雲神話

八俣遠呂智退治 ……… 98
- 足名椎命・手名椎命 ……… 102
- 櫛名田比売 ……… 103

大国主と八十神 ……… 104
- 大国主神 ……… 108
- 八十神 ……… 109
- 蚶貝比売・蛤貝比売 ……… 110
- 大屋毘古神 ……… 111
- 須勢理毘売命 ……… 112
- 木俣神 ……… 113

大国主の国造り ……… 114
- 少名毘古那神 ……… 118
- 久延毘古 ……… 119
- 大物主 ……… 120
- 神大市比売 ……… 121
- 大年神 ……… 122
- 宇迦之御魂神 ……… 123
- 奥津日子神・奥津比売神 ……… 124
- 大山咋神 ……… 125

葦原中国平定 ……126

- 天若日子 ……130
- 阿遅志貴高日子根神 ……131
- 事代主神 ……132
- 建御名方神 ……133
- 下照比売命 ……134
- 天佐具売 ……135

神話コラム④ 神々のアイテム ……136

第五章 日向神話

天孫降臨 ……140

- 邇邇芸命 ……144
- 猿田毘古神 ……145
- 天石門別神 ……146
- 萬幡豊秋津師比売命 ……147
- 木花之佐久夜毘売 ……148
- 石長比売 ……149

海佐知毘古と山佐知毘古 ……150

- 火照命 ……154
- 火須勢理命 ……155
- 火遠理命 ……156

- 塩椎神 ……157
- 豊玉毘売命 ……158
- 鵜草葺不合命 ……159
- 玉依毘売命 ……160
- 五瀬命 ……160
- 稲氷命 ……161
- 御毛沼命 ……161

神話コラム⑤ 参拝の作法 ……162

第六章 人代

神武東征 ……166

- 神倭伊波礼毘古命 ……170
- 邇藝速日命 ……171
- 天香山命 ……172
- 布都御魂 ……173

神から人の時代へ ……174

神話コラム⑥ 神様と仏様 ……176

第七章 その他の神々

- 倭建命 ……180

- 弟橘比売命 ……181
- 息長帯比売命 ……182
- 夜麻登登母母曾毘売命 ……183
- 大吉備津日子命 ……184
- 天之日矛 ……185
- 建内宿禰 ……186
- 熱田大神 ……187
- 菊理媛神 ……188
- 経津主神 ……189
- 賀茂別雷命 ……190
- 野見宿禰 ……191
- 稚日女尊 ……192
- 天火明命 ……193
- 保食神 ……194
- 天之御影命 ……195
- 大屋都比売神 ……196
- 誉田別尊 ……197
- 伊奢沙別命 ……198
- 衣通姫 ……199
- 大宮能売神 ……200
- 矢乃波波木神 ……201

古事記 神々の系図 ……202

索引（50音順） ……206

ページの見方

- **❶アイコン** …… 天地創造、自然、生活、交通、農業、武芸、工業、文芸、商業、預言者・巫女、意地悪の11個
- **❷神名** …… 表記は、原則として『古事記』を典拠とし、次に『日本書紀』を優先。表記が数種類ある場合は、目次の神名で統一
- **❸登場** …… 神話の登場数
  - 名高さ …… 知名度や、祀られている神社の数など
  - 霊力 …… 神様のもつ影響力、力の強さなど
  - 慈愛 …… 神様の慈悲深さ、愛情など
- **❹関連の深い神様** …… 関わりがある神様
- **❺解説** …… 神様の行い、経歴
- **❻神様トリビア** …… 神様の逸話
- **❼地位** …… 立場や役割など
  - ご利益 …… 神様の力によって授かる利福
  - 神社 …… 主に祀られている神社

神話が記された最古の歴史書
古事記の世界

暗記していた神話を元に編纂

　『古事記』は、稗田阿礼が暗記していた『帝紀』と『旧辞』を、太安万侶が書き記し、和銅5年（712年）に完成した日本最古の歴史書だ。

　『帝紀』は天皇の系譜、『旧辞』は神話や伝承、歌謡を記録したもので、このふたつをもとに『古事記』は編纂されている。ただし、当時の『古事記』は残っておらず、現存するのは14世紀に書き写されたものだ。

　『古事記』の序文によれば、天武天皇の指示で編纂が始まったが、天武天皇の崩御で一度中止され、元明天皇が再び編纂を指示して712年に完成したとされている。また、この8年後に国家事業として編纂された歴史書『日本書紀』が完成し、このふたつを合わせて『記紀』と呼ぶ。

　『古事記』は物語形式で話が進むのが特徴で、上巻、中巻、下巻の3巻構成だ。日本の神様を紹介する本書では、神名やエピソードは基本的に神話が記された『古事記』上巻をもとにしている。神話のため、いろいろな部分で矛盾があることを、最初に覚えておいてもらいたい。

■古事記・日本書紀 比較

	古事記	日本書紀
完成	和銅5年 （712年）	養老4年 （720年）
編者	太安万侶	舎人親王ら
巻数	全3巻	全30巻
	漢式和文・ 変体漢文	漢文
	物語形式	編年体

■古事記の構成

時代		内容
上巻	天地開闢から 初代神武天皇誕生まで	天地の始まりや 神々の物語などの神話
中巻	初代神武天皇から 15代応神天皇まで	神々の時代から 人間の時代への変遷期
下巻	16代仁徳天皇から 33代推古天皇まで	天皇の歴史的な記録

『古事記』に描かれた神話の世界

　『古事記』の舞台となるのは日本だが、古代の人たちは、現在とは異なる世界観をもっていたので、最初に古事記の世界を紹介しよう。

　まず、天には神々の住む「高天原」があり、そこに住む神々を天津神と呼ぶ。対して、地上は「葦原中国」と呼ばれ、国津神と呼ばれる神々と人間が住んでいる。そして、葦原中国の地下には黄泉の国と呼ばれる死者の世界がある。地下には根の国もあると考えられていたが、黄泉の国と同じものとするのが一般的だ。地下の国は「黄泉比良坂」で地上につながり出入口は葦原中国の「出雲」にあるとされている。

　出雲とは現在の島根県出雲市一帯のことで、大国主神の物語の舞台となる。そのため、大国主神の神話を「出雲神話」と呼ぶ。また、具体的な地名として「高千穂」も登場する。高千穂の場所は、宮崎県の高千穂町など諸説あって、場所は特定されていない。

　そして、海の彼方には、不老不死の理想郷「常世の国」があると考えられていたが、名前のみ登場し、具体的な描写は一切ない。

■古事記の世界

高天原

天津神が住む天上の世界。『古事記』の冒頭で神々が現れた場所であり、のちに天照大御神が治めることになった。想像上の場所とされるが、地上に実在するという説もある。

葦原中国

地上の世界、つまり日本の国のことである。人間の住む世界だが、神様も住んでいて国津神と呼ばれる。具体的にどこを指しているかは諸説あり、決着をみていない。

黄泉の国

地下にあるとされる死者の国。黄泉比良坂で地上（出雲）とつながっているが、伊邪那岐神が出入り口を塞いだ。根の国も同じ地下の世界で、一般的には同じものと考えられている。

常世の国

海の彼方にある理想郷。不老不死の世界とされるが、『古事記』には具体的な描写はない。浦嶋子（浦島太郎のモデル）が訪れたとされるなど、昔の人々には一般的な概念だったようだ。

神々の誕生と日本の完成

物語の流れを知っておくことで、それぞれの神様の解説もわかりやすくなるので、まず最初に『古事記』に記された神話のあらすじを紹介しよう。神話は、高天原に次々と神様が現れるところから始まる。世界の神話では、天地が完成していく様子から始まるのが一般的だが、『古事記』の語る神話では天地創造の描写はまったくない（『日本書紀』にはある）。

神話の最初に現れた神々は、性別がなく現れては消えるを繰り返すが、じょじょに性別がわかれはじめ、伊邪那岐神という男神、伊邪那美神という女神が現れる。

この男女の神様が結婚して、日本の国土である大八島や水、風、木、山、海といった自然に宿る神々を生み、日本が完成していく。

しかし、伊邪那美神は、火の神を出産したとき火傷を負い、それが原因で死んでしまう。そして、死者の国である黄泉の国へと降っていった。伊邪那岐神は妻を追って黄泉の国を訪ねるが、妻の変わり果てた姿を見て逃げだしてしまう。

葦原中国に逃げ帰った伊邪那岐神が、体についた黄泉の国の穢れを祓うと、さまざまな神々が出現。最後に三貴子と呼ばれる3柱の神々が現れ、物語の主人公は、三貴子の天照大御神、建速須佐之男命へと移る。

■神々の出現と三貴子の誕生

造化三神の出現

 天之御中主神 (P.014)
 高御産巣日神 (P.015)
 神産巣日神 (P.016)

陰陽が分かれ性別が誕生

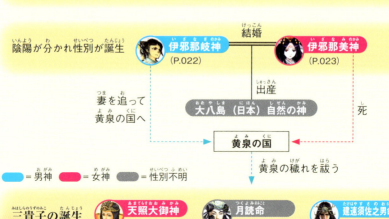

= 男神　= 女神　= 性別不明

三貴子の誕生

 天照大御神 (P.060)
 月読命 (P.061)
 建速須佐之男命 (P.062)

有名な物語が多い神話の後半

伊邪那岐神、伊邪那美神の物語の後、主人公になるのは、三貴子の1柱、建速須佐之男命だ。

建速須佐之男命の物語には、姉の天照大御神の岩戸隠れや八俣遠呂智退治など、有名なエピソードが多い。詳しくは知らなくても、なんとなく知っているのではないだろうか。

続いて、主人公となるのは建速須佐之男命の子孫にあたる大国主神だ。有名な因幡の白兎のエピソードから始まり、兄弟との争いを制して出雲国を造っていく過程が描かれる。

しかし、天津神が出雲国の支配権を譲るように求めたことで争いが起こり、支配権を譲ったところで大国主神の物語は終わる。

大国主神から支配権を譲り受けた天照大御神は、自分の孫にあたる邇邇芸命を地上へと天降らせた。高千穂に宮を築いた邇邇芸命は結婚して3柱の子をもうける。そして、物語は長男の海佐知毘古と三男の山佐知毘古のエピソードに移り、のちに神武天皇となる神倭伊波礼毘古命が誕生したところで、上巻は終わる。

古事記の世界

■建速須佐之男命の子孫と天津神の対立

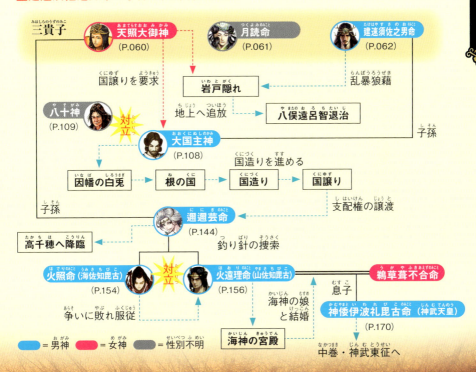

= 男神　= 女神　= 性別不明

中巻・神武東征へ

7

神話の時代から人の時代に

中巻では、まず神倭伊波礼毘古命の東征の物語から始まる。あるとき、日向の高千穂で兄の五瀬命と「葦原中国」を治めるための場所を相談した神倭伊波礼毘古命は、東へ行くことに決め、船に乗って軍勢を率いて出発する。

途中、何箇所か立ち寄りながら浪速国へ到着すると、待ち構えていた那賀須泥毘古の軍勢と戦闘になり、五瀬命は命を落としてしまう。

五瀬命が死ぬ前に残した助言に従い、南から攻めるルートを選択した神倭伊波礼毘古命は、途中、天照大御神や高皇産巣日神の助けを借りながら、抵抗する勢力を平定。再戦で那賀須泥毘古も倒して兄の仇を討ち、畝火の白檮原宮で神武天皇として即位する。これが神武東征として知られるエピソードだ。

この後、物語は天皇の事績について語られていくが、第2代綏靖天皇から第9代開化天皇までの8代は系譜が残るのみで、具体的なエピソードがない。そのため「欠史八代」と呼ばれている。

第10代崇神天皇以降は、それぞれの時代に起きたことが記録されている。野見宿禰や倭健命、神功皇后のエピソードが有名だろう。

中巻は第15代応神天皇で終わり、下巻は第16代仁徳天皇から第33代推古天皇までが記されている。

■『古事記（中巻）』の流れ

神武東征
相談して東征開始
- 神倭伊波礼毘古命
- 五瀬命

↓

畝火の白檮原宮で即位

↓即位

神武天皇 ─ 比売多多良伊須気余理比売
結婚・出産
- 日子八井命
- 神八井耳命
- 神沼河耳命

欠史八代
- 綏靖天皇
- 安寧天皇
- 懿徳天皇
- 孝昭天皇
- 孝安天皇
- 孝霊天皇
- 孝元天皇
- 開化天皇

崇神天皇 — 建波邇安王の反逆

垂仁天皇 — 野見宿禰が当麻蹴速と相撲

景行天皇 — 倭建命の熊襲征伐／出雲建討伐／倭建命の東国征伐

成務天皇

仲哀天皇 — 神功皇后の神がかり／神功皇后の新羅遠征

応神天皇 — 天之日矛の渡来

下巻・仁徳天皇～推古天皇へ

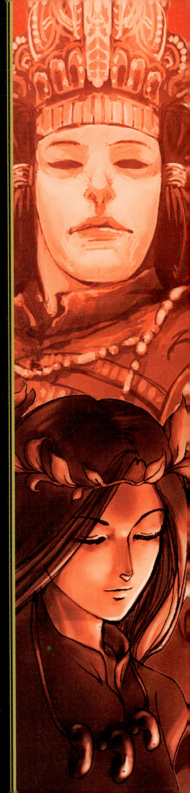

第一章

天地の始まり

世界が天地にわかれたとき、高天原に現れた3柱の神々は、宇宙の根源的な力をもつ創生の神々だった。これらの神々の力が世界に宿ったことで、さまざまな力をもつ神々が現れ、日本の国土「大八島」が誕生する。

世界の始まりと神々の誕生

天地開闢

日本の神話と世界の神話の違い

「世界の始まり」に関する神話は世界各地に残されているが、日本の神話である『古事記』も同様で、世界の始まりを意味する「天地開闢」の物語からスタートする。

世界の神話では、世界の始まりは「神様が天と地、動植物など世界のすべてを創った」という天地創造神話が一般的だ。しかし、日本の神話は「天と地が自然にできたあと、そこに神様が現れ、日本の国土を創っていった」とするのが大きな特徴だ。

また、神様は「高天原」という場所に現れるが、これが「どんな場所なのか」「どのようにできたのか」についての説明はなく、いきなり名前が出てくる。のちに神々が日本の国土となる島々を創ることが語られるので、地上の世界ではなく、天の高いところにある神々の世界と考えるのが一般的だ。

ちなみに『日本書紀』も含め、『古事記』以外の文献では、高天原はほとんど登場しない。

天地の始まり

高天原に神様が現れる

高天原
世界が天地にわかれたときから存在

天之御中主神
（P.014）

天と地がわかれたとき、特別な力をもった神々が高天原に現れた。これらの神々の出現をもって、日本の歴史が始まる。

世界の始まりに現れた特別な神々

『古事記』によれば、世界は「世界が天地にわかれたとき、高天原に天之御中主神、高御産巣日神、神産巣日神が独神として現れ、身を隠した」ことで始まったとされる。

「独神」とは男女の性別がない神様のこと、「身を隠した」とは文字どおり姿を隠したということなので、これらの神様は特に何かをしたわけではなく、現れて姿を隠しただけということになる。

しかし、この3柱の神様は、あらゆる物を生み出し育てる根源的な力を持つ特別な存在で、「造化三神」と呼ばれている。

続いて、大地がまだ水に浮かぶ脂のように定まらず、クラゲのように混沌と漂っていたとき、葦の芽が伸び上がるような力から、宇摩志阿斯訶備比古遅神と天之常立神が現れたとされる。

この2柱も独神ですぐに姿を隠してしまったとあるだけだが、宇摩志阿斯訶備比古遅神は万物の生命力を、天之常立神は天の安定を象徴すると考えられている。

そのため、この2柱に造化三神を加えた5柱の神々は「別天津神」と呼ばれ、特別な存在とされているが、天地開闢以降の神話に登場するのは、高御産巣日神、神産巣日神の2柱だけとなっている。

第一章 天地の始まり

天地開闢

造化三神と別天津神

第一章 天地の始まり

天地開闢

性別の発生と夫婦神の誕生

別天津神が現れて姿を隠したあと、続いて現れたのが、国之常立神、豊雲野神だ。この2柱も性別のない独神で、すぐに姿を隠したとだけ記されている。

次に現れる宇比地邇神と須比智邇神は、男女一対の神様で、ここで初めて神様に性別ができる。続いて現れる角杙神と活杙神、意富斗能地神と大斗乃弁神、淤母陀琉神と阿夜訶志古泥神も、すべて男女一対の神様だ。これらの神々もまた、現れて姿を隠したとあるだけでエピソードはない。

そして、最後に現れるのが、伊邪那岐神と伊邪那美神で、伊邪那岐神は完全な男性、伊邪那美神は完全な女性と考えられている。のちにこの2柱は結婚して夫婦になり、日本の島々やさまざまな神様を生み、日本の国土を形作っていくことになる。

この国之常立神から伊邪那美神までの7組12柱の神々を「神世七代」と呼ぶ。神世七代の一連の流れは、最初は性別のなかった神様に性別が生まれ、じょじょに違いが明確になって異性として意識し始め、最後に愛が生まれる過程を表しているとされる。

なお、神世七代は『日本書紀』にも記されており、現れる神様に一部違いがあるものの、ほぼ同じ構成となっている。

神世七代の神々

1 国之常立神 (P.019)

2 豊雲野神

3 宇比地邇神 (P.020) / 須比智邇神 (P.020)

4 角杙神 (P.020) / 活杙神 (P.020)

5 意富斗能地神 (P.021) / 大斗乃弁神 (P.021)

6 淤母陀琉神 (P.021) / 阿夜訶志古泥神 (P.021)

7 伊邪那岐神 (P.022) / 伊邪那美神 (P.023)

＝独神　＝男神　＝女神

高天原はどこにあるのか？

『古事記』の冒頭から登場し、神話の舞台となる高天原。これがどこを指しているのかに関しての具体的な記述がなく、神話の捉え方や思想によって考え方も変わるため、古くから所在地を巡って論争が繰り広げられている。

ここでは代表的な3つの説を紹介しよう。まず、高天原は天上や宇宙にあると考える説で天上説と呼ばれる。神々の住む世界なので、人間の世界とは異なる場所にあるとするものだ。

また、そもそも神話は作られたものなので、高天原も想像上の場所だとする説もある。これは作為説と呼ばれるもので、最も現実的な考え方で支持する学者も多い。

一方、神話とはいえ事実が含まれているはずだと考え、地上のどこかに高天原があったと考える地上説も根強い。下に高天原とされる代表的な候補地を載せているが、いずれの場所も、高天原や神話に関係する地名や伝承が残っている。また、日本国内ではなく海外にあったという説もあり、代表的なものでは中国南部が候補地とされている。

地上説はロマンのある説で、過去には有力視されていた。しかし、現在では支持する学者は少なく「想像上の場所」であるというのが通説だ。

第一章 天地の始まり　天地開闢

高天原の候補地

- 鳥取県 八頭郡 若桜町 春米（氷ノ山西麓）
- 岡山県 真庭市（蒜山高原）
- 長崎県 壱岐市
- 阿蘇カルデラ台地（熊本県）
- 群馬県 上野村（生犬穴）
- 茨城県 多賀郡
- 宮崎県 高千穂町
- 宮崎県 高原町
- 奈良県 御所市高天（葛城・金剛山高天台）
- 熊本県 山都町

第一章 天地の始まり

天地創造
日本の神々を統率する最高神
天之御中主神（あめのみなかぬしのかみ）

- 登場：■■□□□
- 名高さ：⛩⛩⛩⛩□
- 霊力：🌀🌀🌀🌀□
- 慈愛：💗💗💗□□

関連の深い神様

- 高御産巣日神 →P.015
- 神産巣日神 →P.016

神々を統率して天地創造を指揮

天地の始まりのとき、高天原に一番最初に現れたのが天之御中主神だ。天は「宇宙」、御中は「中心」、主は「主君」を意味しており、「宇宙の中心に座する主君」という名をもつ絶対的な存在だ。この後に現れる高御産巣日神、神産巣日神とともに造化三神と呼ばれる特別な存在で、さらに、宇摩志阿斯訶備比古遅神、天之常立神と合わせ別天津神とも呼ばれる。『古事記』には「性別のない独神ですぐに身を隠した」と記されるのみだが、日本の神々を統率する高天原の主神として、天地創造を進めたと考えられている。

神様トリビア
「妙見さん」と呼ばれ信仰の対象に

天之御中主神は生活に関わる神様ではないため最初は信仰されなかったが、近世になると妙見菩薩信仰と習合し、「妙見さん」と呼ばれ信仰されるようになった。

- 地位：天神地祇の祖神／天の生成神
- ご利益：安産／招福／開運など
- 神社：秩父神社（埼玉県秩父市）

絵：NAKAGAWA

天地創造

高天原の神々を指揮するリーダー的存在
高御産巣日神（たかみむすひのかみ）

- 登場 ■■■■■
- 名高さ ⛩⛩⛩⛩⛩
- 霊力 ❂❂❂❂❂
- 慈愛 ❀❀❀❀❀

関連の深い神様

生成の霊力を象徴する偉大な神様

高御産巣日神は、天之御中主神の次に高天原に現れた神様で、続いて現れた神産巣日神と合わせて造化三神と呼ばれる特別な存在だ。「高御」は尊称、「産巣」は生産や生成、「日」は霊力を現しており、「偉大な生成の霊力」を象徴している。別名を高木神といい、高天原の司令官、長老といった立場で神話にたびたび登場する。

また、娘の萬幡豊秋津師比売命は、天之忍穂耳命と結婚し、邇邇芸命を産んだ。この邇邇芸命は皇室の祖先とされる神様であることから、高御産巣日神も皇室の祖先として敬われている。

神様トリビア　農耕に関する祭礼で祀られる

神産巣日神とともに、生成の神様であることから農耕を守護する存在とされる。そのため、豊作を祈る「祈年祭」や収穫に感謝する「新嘗祭」といった皇室の行事で祀られる。

第一章　天地の始まり　高御産巣日神

- 地位／宇宙の根源神／高天原の主神　ご利益／五穀豊穣／心願成就／開運招福　など　神社／安達太良神社（福島県本宮市）

絵：池田正輝

神産巣日神

国造りをサポートした地の生成神

天地創造

第一章　天地の始まり／神産巣日神

- 登場：■■■■□
- 名高さ：⛩⛩⛩⛩⛩
- 霊力：🌀🌀🌀🌀🌀
- 慈愛：♥♥♥♥♥

関連の深い神様

- 大国主神 →P.108
- 少名毘古那神 →P.118

高天原に3番目に現れた神産巣日神は、天之御中主神、高御産巣日神と合わせて造化三神と呼ばれる特別な存在だ。「神」は褒める言葉、「産巣」は生産や生成、「日」は霊力を表しており、高御産巣日神と同じように生成の霊力を象徴している。神産巣日神は出雲に関する神話に多く登場し、大国主神の命を救ったり、息子の少名毘古那神に国造りをサポートさせた。『出雲国風土記』では「御祖」と呼ばれ、出雲の神々の祖神として敬われていたことから、もともとは出雲の土着の神様だったとも考えられている。

大地との関連が強い地母神的存在

神様トリビア
出雲大社のデザインは高天原の宮殿がモデル

『日本書紀』によれば、出雲大社を造営する際、自ら出雲の神々を呼び集め、建設を指揮したという。出雲大社のデザインは、高天原の宮殿をモデルにしたと伝えられている。

地位：生成の本源神／出雲の神々の祖神　ご利益：豊作／縁結び／厄除けなど　神社：東京大神宮（東京都千代田区）

絵：中山けーしょー

天地創造

泥から芽吹く葦のような生命力の象徴
宇摩志阿斯訶備比古遅神
（うましあしかびひこぢのかみ）

- 登場　★★★★★
- 名高さ　★★★★★
- 霊力　★★★★★
- 慈愛　★★★

関連の深い神様

天之常立神　→P.018

国之常立神　→P.019

生命のもつ力強さそのものを神格化

第一章　天地の始まり

宇摩志阿斯訶備比古遅神

　造化三神が現れた後、地上世界がまだ混沌としていたときに現れた神様。造化三神と次に現れる天之常立神を合わせて別天津神と呼ばれる。「宇摩志」は立派な、「阿斯訶備」は葦の芽「比古」は男性、「遅」は男性または泥を表しており、泥の中から伸び上がる葦の芽に象徴される生命力を神格化した存在だ。名前に男性を意味する言葉が入るが、造化三神と同じように性別のない独神である。

　『古事記』ではすぐに身を隠したとあるのみで具体的なエピソードはないが、活力を司る神様として信仰されている。

神様トリビア　葦の生える湿地は豊かな土地の象徴

　葦の群生する湿地は、稲作に適した豊かな土地とされ、また葦は成長が早いことから生命力、活力の象徴と考えられてきた。こうした理由から葦が神名に入ったと推測される。

地位　生命力の本源神／活力の神　　ご利益　五穀豊穣／病気平癒など　　神社　浮嶋神社（愛媛県東温市）

絵：中山けーしょー

第一章 天地の始まり

天地創造
神々の住む高天原の守護神

天之常立神（あめのとこたちのかみ）

- 登場
- 名高さ
- 霊力
- 慈愛

関連の深い神様
- 宇摩志阿斯訶備比古遅神 → P.017
- 国之常立神 → P.019

天を安定させた力の象徴

天之常立神は、造化三神、宇摩志阿斯訶備比古遅神に続いて高天原に5番目に現れた神様で、この5柱をまとめて別天津神と呼ぶ。性別のない独神で、大地が水に浮く脂のように定まっていないとき現れ、すぐに身を隠したとされている。これ以外のエピソードが残されていないため、この神様の役割には諸説あるが、「天」は高天原、「常」は状態が安定する様子、「立」は「泡が立つ」のようにある状態になる様子を表すと捉えれば、高天原を安定させた力を象徴する神様と考えられるだろう。

神様トリビア
バランスを取るために創造された神様！？

天之常立神に対する信仰があまりないため、次に登場する国之常立神と対になる存在、または宇摩志阿斯訶備比古遅神との間でバランスを取るために創造されたという説もある。

- **地位** 天を支える霊力の象徴
- **ご利益** 産業開発／必勝祈願 など
- **神社** 駒形神社（岩手県奥州市）

絵：日田慶治

天地創造

大地を神格化した国土の守護神
国之常立神（くにのとこたちのかみ）

- 登場：📗📗📗📗📗
- 名高さ：⛩⛩⛩⛩⛩
- 霊力：🌀🌀🌀🌀🌀
- 慈愛：♥♥♥♥♥

関連の深い神様

天之御中主神 →P.014

天之常立神 →P.018

国土を安定させた霊力の象徴

国之常立神は、別天津神の5柱に続いて現れた神様で、神世七代と呼ばれる12柱7代の神々の1代目にあたる※。性別のない独神で、すぐに姿を隠してしまったとあるだけで、以降の神話には登場せず役割も不明だ。ただし、神名の「国」は国や国土、「常」は状態が安定する様子、「立」はある状態になる様子を表しており、国や国土を安定させた力の象徴と考えられる。そのため、天の安定を象徴する天之常立神とは、対になる存在だ。また、大地や国土の守護神として古くから信仰されており、祀る神社も多い。

神様トリビア：神世七代の2代目は豊雲野神

神世七代の2代目にあたる豊雲野神も、現れてすぐに姿を隠した独神とあるのみでエピソードは存在しない。神名から大きく固まった国土を象徴する存在と考えられる。

地位	国土形成の根源神／国土の守護神
ご利益	国土安寧／立身出世 など
神社	御嶽神社（長野県王滝村）

※『日本書紀』では、一番始めに現れる。

絵：藤川純一

第一章 天地の始まり　国之常立神

第一章 天地の始まり

天地創造 — 初めて現れた性別のある神様

宇比地邇神・須比智邇神

初めて性別ができた男女一対の神様。神世七代の3代目にあたり、宇比地邇神は男神、須比智邇神は女神だ。神名が泥や砂を表す言葉のため、形になってきた大地の象徴だろう。また、神世七代は性別の誕生の過程を表すという説もある。

絵：池田正輝

地位 大地形成の象徴／土砂の神格化　**ご利益** 五穀豊穣／開運招福など　**神社** 宮浦宮（鹿児島県霧島市）

天地創造 — 大地に芽生えた生命の兆しを神格化

角杙神・活杙神

神世七代の4代目にあたる神様で、角杙神は男神、活杙神は女神だ。「角」は芽、「活」は生命力や活力、「杙」はなにかの兆しが現れる様子を現しているので、大地から植物が芽吹き、生命が誕生しつつある様子を神格化した神様といえる。

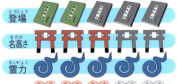

絵：池田正輝

地位 生命誕生の象徴／生命の神格化　**ご利益** 五穀豊穣／殖産興業など　**神社** 宮浦宮（鹿児島県霧島市）

天地創造

完全に固まり安定した国土の象徴
意富斗能地神・大斗乃弁神

　意富斗能地神、大斗乃弁神は、大地が完全に固まった様子を神格化した存在だ。神世七代の5代目にあたり、「地」は男性、「辨」は女性を意味するため、男女の区別がはっきりできたことを表しているとも考えられている。

絵：日田慶治

登場		
名高さ		
霊力		
慈愛		

| 地位 | 大地が凝固した時を神格化 | ご利益 | 国土安泰／五穀豊穣 など | 神社 | 波須波神社（島根県出雲市） |

天地創造

大地の完成を讃える存在
淤母陀琉神・阿夜訶志古泥神

　淤母陀琉神と阿夜訶志古泥神は、神世七代の6代目にあたる。「淤母陀琉」は不足がないという意味で大地の完成を象徴し、「阿夜訶志古泥」はそれを讃える言葉と考えられている。また、人体の完成を神格化したという説もある。

絵：日田慶治

登場		
名高さ		
霊力		
慈愛		

| 地位 | 大地完成の象徴／人体完成の象徴 | ご利益 | 五穀豊穣 など | 神社 | 第六天榊神社（東京都台東区） |

第一章　天地の始まり

意富斗能地神・大斗乃弁神／淤母陀琉神・阿夜訶志古泥神

第一章 天地の始まり

伊邪那岐神

天地創造

日本の国土と自然の神々の父
伊邪那岐神（いざなぎのかみ）

- 登場 ★★★★★
- 名高さ ★★★★★
- 霊力 ★★★★
- 慈愛 ★★★★☆

関連の深い神様

伊邪那美神 →P.023

天照大御神 →P.060

完成した天を象徴する男神

神世七代の7代目となる伊邪那岐神は、日本の国土と神々を生んだ伊邪那美神と結婚した男神だ。伊邪那岐神より前に現れた神々は、世界がじょじょにできあがっていく様子を象徴していることから、最後に現れたこの夫婦神は完成した世界の象徴と考えられている。また具体的なエピソードがなかった別天津神やほかの神世七代の神々と異なり、この2柱には多くのエピソードが残されており、天地開闢後の物語の主人公となる。国土創生の神、生命の祖神という強い力をもつ神様であることから、古くから広く信仰されている。

神様トリビア ― 日本で初めて結婚した神様

伊邪那美神と結婚した伊邪那岐神は、日本で初めて結婚した神様だ。そのため、縁結びや夫婦円満のご利益もあると考えられており、男女問わず人気が高い。

- 地位：国土創世の神／生命の祖神
- ご利益：国家鎮護／延命長寿など
- 神社：多賀大社（滋賀県多賀町）

絵：日田慶治

天地創造

日本の国土と神々を生んだ地母神
伊邪那美神 (いざなみのかみ)

- 登場 ★★★★★
- 名高さ ★★★★★
- 霊力 ★★★★☆
- 慈愛 ★★★★☆

関連の深い神様

伊邪那岐神 → P.022 ／ 火之迦具土神 → P.042

生と死を司る二面性をもつ女神

第一章 天地の始まり

伊邪那美神

伊邪那美神は神世七代の最後に現れた女神で、伊邪那岐神と結婚し、日本の国土や神々を生んだ。その様子は『古事記』に「国生み」「神生み」神話として残されており、初めて詳細なエピソードが記された神様である。伊邪那美神は日本の国土となる島々や自然に関するたくさんの神様を生んでおり、地母神的性格が強い。しかし、のちに死者の世界「黄泉の国」の主宰神・黄泉津大神になり、生と死という正反対の性格をもつことになる。これは、古代の人々が死は再生につながると考えていたことが理由と考えられている。

> **神様トリビア** 伊邪那美神の宣言が人間の死の起源に
>
> 黄泉の国へ行った伊邪那美神は、迎えに来た伊邪那岐神と仲違いして離縁する際「1日に1000人殺しましょう」と宣言した。これが人間の死の起源になったといわれている。

- 地位：万物生成の女神／大地の母神
- ご利益：延命長寿／縁結びなど
- 神社：三峯神社（埼玉県秩父市）

絵：双羽純

国生み

日本の国土を生んだ神様の夫婦

別天津神に国土を創ることを命じられた伊邪那岐神と伊邪那美神は、淤能碁呂島に降り立って夫婦となり、大小14の島々を生んだ。

最初の国土となった淤能碁呂島

　伊邪那岐神と伊邪那美神は、別天津神に「漂っている国を固めて完成させよ」と命じられ、天沼矛を与えられる。そこで、この２柱の神様は天浮橋という地上を見下ろせる場所に立って、天沼矛を海水に差し込み、「コオロコオロ」とかき混ぜて引き上げたという。すると天沼矛の先からしたたり落ちた塩が積み重なって島ができた。これが最初の島「淤能碁呂島」だ。

　伊邪那岐神と伊邪那美神は淤能碁呂島に降り立ち、天之御柱という高い柱を立て、さらに八尋殿という大きな御殿を建てたとされている。

　この淤能碁呂島には実在説があり、淡路島の南にある沼島が有力視されている。そのほか、淡路島の岩屋港に浮かぶ絵島、紀伊半島と淡路島の間にある友ヶ島群島の沖ノ島、鳴門海峡の飛島、島根県安来市の十神山など、いくつかの候補地があるが、淡路島周辺のどれかという説が強い。

淤能碁呂島の誕生

伊邪那岐神
（P.022）

と

伊邪那美神
（P.023）

が

天沼矛で海水をかき混ぜ引き上げる

↓

したたり落ちた塩が積み重なって
地上に初めての島が誕生

↓

２柱が降り立つ

↓

天之御柱を立て、八尋殿を建てる

日本初の夫婦の誕生

　伊邪那岐神と伊邪那美神は、お互いの体の特徴を確認したあと、「天之御柱をまわり出会ったところで結婚しよう」と約束する。伊邪那岐神は右から、伊邪那美神は左からまわり、出会ったところで伊邪那美神が「なんていい男なんでしょう」といい、あとから伊邪那岐神が「なんていい女なんだ」といって、約束どおり結婚して交わった。

　こうして水蛭子神が生まれたが、体が未完成の子供だったため葦の船に乗せて流してしまう。次に生まれた淡島神も同様で、子供として認めなかった。そのため、水蛭子神と淡島神は、伊邪那岐神、伊邪那美神の子供には数えない。

　ちゃんとした子供が生まれなかった2柱は、相談して高天原に戻り、天津神に意見を求めた。すると占いをするようにと助言されたので、占ったところ「女性が先に誘ったのがよくない、改めてやり直せ」という神託を得た。

　淤能碁呂島に戻った2柱は、同じように柱をまわり、占いに従って今度は伊邪那岐神から「なんていい女だ」と声をかけ、伊邪那美神が「なんていい男なんでしょう」と応えて結婚した。こうして、夫婦となった2柱から、日本の国土となる子供たちが生まれるのである。

第一章　天地の始まり　国生み

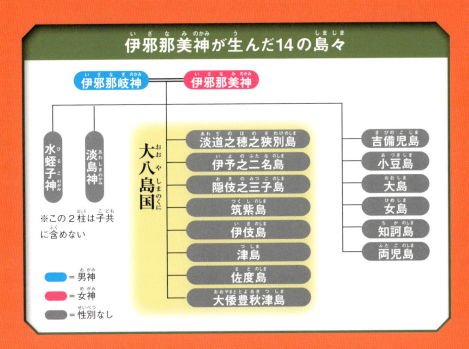

伊邪那美神が生んだ14の島々

伊邪那岐神 — 伊邪那美神

水蛭子神／淡島神
※この2柱は子共に含めない

大八島国：
- 淡道之穂之狭別島
- 伊予之二名島
- 隠伎之三子島
- 筑紫島
- 伊伎島
- 津島
- 佐度島
- 大倭豊秋津島

- 吉備児島
- 小豆島
- 大島
- 女島
- 知訶島
- 両児島

■=男神　■=女神　■=性別なし

日本の国土「大八島」の誕生

正しい結婚をした2柱は、いよいよ日本の国土となる島を次々に生んでいく。

まず、最初に生まれたのは「淡道之穂之狭別島（淡路島）」だ。

次に生まれたのは、体はひとつだが顔が4つある「伊予之二名島（四国）」で、4つの顔はそれぞれ「愛比売（伊予国）」「飯依比古（讃岐国）」「大宜都比売（阿波国）」「建依別（土佐国）」という。

次に生まれた「隠伎之三子島（隠岐島）」は、「天之忍許呂別」とも呼ばれる。

続いて、「筑紫島（九州）」が生まれたが、この島も体がひとつで顔が4つあり、それぞれ「白日別（筑紫国）」「豊日別（豊国）」「建日向日豊久士比泥別（肥国）」「建日別（熊曽国）」という。

さらに、「伊伎島（壱岐島）」「津島（対馬島）」が生まれたが、それぞれ「天比登都柱」「天之狭手依比売」という別名がある。

そして「佐渡島（佐渡島）」が生まれたあと、最後に「大倭豊秋津島（本州）」が生まれる。別名を「天御虚空豊秋津根別」というこの島の誕生をもって、日本列島を構成する主要な8つの島々がそろったことになる。この八島を総称して「大八島国」と呼んでいる。

第一章　天地の始まり　国生み

日本の国土「大八島」

6 津島（対馬島）
5 伊伎島（壱岐島）
3 隠伎之三子島（隠岐島）
7 佐渡島（佐渡島）
8 大倭豊秋津島（本州）
1 淡道之穂之狭別島（淡路島）
2 伊予之二名島（四国）
　・愛比売（伊予国）
　・大宜都比売（阿波国）
　・飯依比古（讃岐国）
　・建依別（土佐国）
4 筑紫島（九州）
　・白日別（筑紫国）
　・豊日別（豊国）
　・建日向日豊久士比泥別（肥国）
　・建日別（熊曽国）

ついに完成した日本の国土

大八島を生んだ伊邪那美神は、続けて6つの島々を生む。

最初に生まれたのは、「吉備児島」で、別名を「建日方別」という。岡山県・児島半島にあたり、現在は干拓によって陸続きの半島になっているが、もともとは島だった。

次に生まれたのは、「小豆島」だ。別名「大野手比売」と呼ばれるこの島は、現在の香川県・小豆島にあたり、瀬戸内海では淡路島に次いで2番めに大きい。

次に生まれた「大島」は、現在の山口県・周防大島だ。別名「大多麻流別」と呼ばれ、瀬戸内海の島のなかでは、淡路島、小豆島に次ぐ大きな島で、古くから海上交通の要所として知られている。

次に生まれた「女島」は、大分県・姫島のことだ。別名「天一根」と呼ばれるこの島は、国東半島の沖に浮かぶ小島で、周防灘と伊予灘の境に位置している。

次に生まれたのは「知訶島」で、別名「天之忍男」と呼ばれる。この島は、大小あわせて140あまりの島々が連なっている長崎県・五島列島のことだ。

最後に生まれたのが、「両児島」で、別名「天両屋」と呼ばれる。これは、五島列島の南西に位置する長崎県・男女群島のことである。

第一章 天地の始まり　国生み

大八島に次いで生まれた6つの島々

福の神となった不遇の子
水蛭子神 (ひるこのかみ)

自然

第一章 天地の始まり

水蛭子神

登場 ■■□□□
名高さ ⛩⛩⛩⛩□
霊力 🌀🌀🌀🌀□
慈愛 ♥♥♥♥♥

関連の深い神様

伊邪那美神 →P.023
事代主神 →P.132

えびす信仰と習合し福の神の一員に

国生み神話で、夫婦となった伊邪那岐神、伊邪那美神の間に最初に生まれた子が水蛭子神だ。しかし、身体が不自由だったため、葦の船に乗せて流されてしまう。次に生まれた淡島神も同じ理由で流されており、この２柱は伊邪那岐神、伊邪那美神の子供には数えない。『古事記』にはその後のことは記されていないが、日本各地には水蛭子神が流れ着いたという伝説が残されており、日本古来の「えびす信仰」と習合し海の神となる。のちに、商売繁盛の福の神として信仰を集め、七福神にも含まれるようになった。

神様トリビア
海からの漂着物をえびす神として信仰

沿岸地域では、海岸に漂着したクジラなどを神様と考え「えびす」と呼んで信仰していた。これが、海から流れ着いた水蛭子神の姿と重なり、えびす神になったと考えられている。

地位 海の神　ご利益 豊漁／海上安全／商売繁盛 など　神社 西宮神社（兵庫県西宮市）

絵：七片藍

生島神・足島神

国土の発展と繁栄の霊力を象徴

自然

- 登場
- 名高さ
- 霊力
- 慈愛

関連の深い神様
- 国之常立神 →P.019
- 伊邪那美神 →P.023

第一章 天地の始まり

生島神・足島神

日本列島に宿る国土の守護神

生島神・足島神は、伊邪那岐神、伊邪那美神の夫婦が生んだ八つの島「大八島」に宿ったとされる神様だ。大八島とは日本の国土のことなので、日本列島そのものに宿る神様といえる。神名の「生」は生成や発展、「足」は繁栄、「島」は文字どおり島の意味なので、生島神・足島神は、島つまり日本列島が発展し繁栄する力を象徴する神様だ。また、この2柱には生国魂神、咲国魂神という別名がある。国魂とは土地に宿る魂という意味なので、日本の国土に宿る魂ともいえ、古来より国土の守り神として信仰されている。

神様トリビア　平安・鎌倉時代に行われた八十嶋祭の主神

八十嶋祭は新しい天皇の即位の際、行われた即位儀礼のひとつ。国土の神格化である生島神・足島神が祀られた。祭場だった難波津には、この2柱を祀る生國魂神社がある。

- 地位：国土の神／島の神
- ご利益：国土安穏／厄除けなど
- 神社：生國魂神社（大阪府大阪市）

絵：中山けーしょー

神話コラム ①

神紋

神社ごとに異なる神様の紋

祭神や社家に由来する神社固有の紋

神社の屋根や賽銭箱、幕や提灯などに紋が描かれているのを見たことがあるだろうか？ これは神紋（社紋）と呼ばれる神社の紋で、神社によってさまざまな神紋が使われている。神紋は祀られている神様に関するもののほか、神職や氏子、領主の家紋が起源になっていることも多い。そのため、神紋の由来を知ることで、神社の由緒も知ることができる。

神社	神紋
秋葉神社（静岡県浜松市）	七葉紅葉
熱田神宮（愛知県名古屋市）	五七桐竹紋
出雲大社（島根県出雲市）	二重亀甲に剣花菱
伊勢神宮（三重県伊勢市）	花菱
厳島神社（広島県廿日市市）	三つ盛り二重亀甲に剣花菱
宇佐神宮（大分県宇佐市）	左三つ巴
大山祇神社（愛媛県今治市）	折敷に縮三文字
春日大社（奈良県奈良市）	下がり藤
鹿島神宮（茨城県鹿嶋市）	尾長左三つ巴
香取神宮（千葉県香取市）	五七の桐
上賀茂神社（京都府京都市）	二葉葵
北野天満宮（京都府京都市）	星梅鉢
氷川神社（埼玉県さいたま市）	八雲
伏見稲荷大社（京都府京都市）	抱き稲
八坂神社（京都府京都市）	左三つ巴と五瓜唐花

第二章
八百万の神々の誕生

日本の国土を生みだした伊邪那岐神と伊邪那美神の夫婦は、森羅万象を司る八百万の神々を生んでいく。これらの神々の力によって、荒れた大地だった日本の国土は、緑あふれる豊かな国土へと変わっていく。

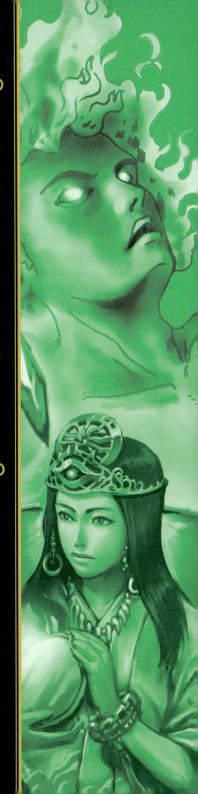

神生み

次々と生まれる日本の神々

さまざまな自然を司る神々の誕生

　日本の国土となる大八島と小島を生んだ伊邪那美神は、続いて神々を生み始める。最初に大事忍男神が生まれるが、この神様は「大事を終えた男神」という名前のため、国を生むという大仕事を終えたことを表していると考えられている。

　続いて、石土毘古神、石巣比売神、大戸日別神、天之吹男神、大屋毘古神、風木津別之忍男神が生まれる。この6柱の神々は「家宅六神」と呼ばれ、家屋の材料や構造を示したものだ。

　次に海の神である大綿津見神、港や河口の神である速秋津比古神と速秋津比売神という男女一対の神様が生まれる。この3柱はいずれも水に関係する神様だ。また、速秋津比古神と速秋津比売神は、別名を水戸神といい、夫婦となって、沫那藝神と沫那美神、頬那藝神と頬那美神、天之水分神と国之水分神、天之久比奢母智神と国之久比奢母智神という4組8柱の神々を生んでいる。この子供たちもすべて水に関係する神様である。

　続いて、志那都比古神という風の神、久久能智神という木の神が生まれた。

　次に生まれたのが山の神である大山津見神で、続いて野の神の鹿屋野比売神が生まれる。この2柱の神様も夫婦となって、天之狭土神と国之狭土神、天之狭霧神と国之狭霧神、天之闇戸神と国之闇戸神、大戸惑子神と大戸惑女神という4組8柱の神々を生んだ。この子供たちは、土や砂、霧、渓谷といった山野に関係するものを司る神様である。

　こうした自然を司る神々の登場は、生まれたばかりで荒れ地だった日本列島に、自然の神が宿ることで、山や海、河ができ、緑豊かな大地が創られていったことを象徴している。このように、『古事記』が記された時代から、日本人は自然や自然現象のほか、あらゆる物体に神様が宿っていると考え、「八百万の神々」として信じてきたことがわかるだろう。

次々と誕生する自然の神々が、大八島を緑豊かな大地へと変えていく。しかし、火の神の出産で伊邪那美神は病気にかかってしまう。

日本の国土に宿ったたくさんの神々

自然の神々を生んだ伊邪那美神は、次に鳥之石楠船神を生む。別名を天鳥船というこの神様は、船の字が含まれていることからわかるように、船の神様、または神様の乗る船そのものだ。

その次に生まれたのが大宜都比売神である。この名前は国生みで誕生した「伊予之二名島（四国）」の顔のひとつ「阿波国」の名前として、すでに登場しているので、不思議に思ったのではないだろうか？

この理由は、阿波国の阿波を穀物の粟にかけ、穀物や食物の神である大宜都比売神の名前を使ったとする説、もともと大宜都比売神が祀られていた国なので粟国＝阿波国と呼ばれるようになったという説などがあるが、はっきりとしたことはわかっていない。

神生みの最後に生まれるのが、火の神・火之迦具土神で、火之夜芸速男神、火之炫毘古神という別名もある。この神様が最後になったのは、伊邪那美神が出産時に火傷を負ってしまい、それが原因で病に伏せてしまうからだ。

ここまでに伊邪那美神が生んだ神様は17柱にのぼり、子供たちが生んだ神様も加えると、計33柱の神々が誕生したことになる。こうして、日本の国土にたくさんの神々が宿り、自然豊かな国になったのである。

第二章　八百万の神々の誕生　神生み

家宅六神（かたくろくしん）

家の材料や建築作業を神格化

生活

第二章　八百万の神々の誕生

家宅六神

- 登場
- 名高さ
- 霊力
- 慈愛

関連の深い神様
- 久久能智神 → P.037
- 大禍津日神 → P.066

伊邪那岐神、伊邪那美神の子供たちである家宅六神は、家屋の材料や建築の過程を象徴した6柱の神様の総称だ。私たちの家を守ってくれる大切な神様であり、生まれた順番が家ができていく様子を表しているとも考えられている。具体的には最初に現れた石土毘古神、石巣比売神は土台となる石と土壁、次に現れた大戸日別神は出入り口、その次に現れた天之吹男神、大屋毘古神は屋根の象徴だ。そして、最後に現れた風木津別之忍男神は暴風から完成した家を守る神様で、家屋の耐久力を象徴すると考えられている。

家を守ってくれる6柱の神々

神様トリビア　家宅六神の前に生まれた大事忍男神

『古事記』では、家宅六神の前に大事忍男神が生まれている。神名は「大事を終えた男神」という意味で、「国生み」という大仕事を終えたことを象徴する存在と考えられている。

地位　家の守り神　　ご利益　家内安全／開運招福／厄除けなど　　神社　石鎚神社（愛媛県西条市）

絵：中山けーしょう

海を支配する海中宮殿の王
大綿津見神（おおわたつみのかみ）

登場 ■■■■■
名高さ ⛩⛩⛩⛩⛩
霊力 🌀🌀🌀🌀🌀
慈愛 ♥♥♥♥♥

関連の深い神様

綿津見三神
→ P.068

火遠理命
→ P.156

日本神話で最初に登場する海の神

第二章　八百万の神々の誕生

大綿津見神

家宅六神に次いで生まれた大綿津見神は、伊邪那岐神、伊邪那美神の8番目の子供だ。神名の「大」は偉大な、「綿」は海、「津」は接続詞「の」、「見」は神霊を意味するので「偉大な海の神霊」、つまり海の主宰神と考えられている。大綿津見神は以降の神話には登場せずエピソードもないが、のちの「山佐知毘古と海佐知毘古」の物語に登場する綿津見大神と、同じ神様とするのが一般的だ。この神様は海底の宮殿に住み、海の幸や水を支配すると考えられたことから、日本全国の沿岸地域を中心に祀られている。

神様トリビア
子供の姿として伝わることも多い海の神

大綿津見神は、『日本書紀』では少童命と書かれることがある。これは、古来より水の神は「童」、つまり子供の姿をした神様と考えられていたことが理由だ。

 地位 海の神　 ご利益 海上安全／漁業繁栄など　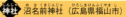 神社 沼名前神社（広島県福山市）

絵：ナチコ

自然

港や河口を守護する男女一対の神様

速秋津比古神・速秋津比売神
（はやあきつひこのかみ・はやあきつひめのかみ）

第二章　八百万の神々の誕生

速秋津比古神・速秋津比売神

- 登場：★★★★☆
- 名高さ：★★★★☆
- 霊力：★★★★★
- 慈愛：★★★★★

関連の深い神様

神直毘神・大直毘神
→ P.067

綿津見三神
→ P.068

　速秋津比古神・速秋津比売神は、伊邪那岐神、伊邪那美神が生んだ男女一対の神様だ。神名の「速」は水の流れが速い様子、「秋津」は穢れが禊で清まるという意味なので、お祓いの神様といえる。「比古」は男性、「比売」は女性を表す言葉だ。また、水戸神という別名があり、「水戸」は河口を指すので河口の神様であり、河口は船を係留する場所だったので、港の神様でもある。一説には、海に荒々しく流れこむ河には男神の速秋津比古神が宿り、雄大で生命を育む海には女神の速秋津比売神が宿るともいわれている。

水の速い流れで穢れを祓う

神様トリビア
4組8柱の子供たちも水に関係する神様

　速秋津比古神・速秋津比売神には水に関係する4組8柱の子供がいる。その中で水の均等な分配を象徴する天之水分神、国之水分神は、水源地や水路に祀られることが多い。

地位：港の神／河口の神　　ご利益：水難除け／厄除けなど　　神社：隅田川神社（東京都墨田区）

絵：池田正輝

自然の恵みと脅威を象徴する風の神
志那都比古神(しなつひこのかみ)

　志那都比古神は、伊邪那岐神、伊邪那美神が生んだ風の神様だ。風は神様の息と考えられており、「志那」は長い息を意味している。古来より暴風は脅威だったため、風の被害が大きい地域では、この神様が風の宮に祀られることが多い。

絵：月岡ケル

| 地位 | 風の神／農業の守護神 | ご利益 | 五穀豊穣など | 神社 | 龍田大社（奈良県三郷町） |

木々を育てる生命力の象徴
久久能智神(くくのちのかみ)

　伊邪那岐神、伊邪那美神の11番目の子・久久能智神は、茎や幹が成長する様子を象徴する木の神様だ。神名の「久久」は茎や幹が伸びる様子、「智」は神霊を意味している。また、樹木を育てる大地に宿る生命力を神格化した存在でもある。

絵：池田正輝

| 地位 | 木の神／建築木材の神 | ご利益 | 山林業守護／家内安全 | 神社 | 公智神社（兵庫県西宮市） |

第二章　八百万の神々の誕生

志那都比古神／久久能智神

第二章 八百万の神々の誕生

大山津見神

自然
全国の山の神を束ねるリーダー的存在

大山津見神（おおやまつみのかみ）

- 登場: ★★★★★
- 名高さ: ⛩⛩⛩⛩⛩
- 霊力: 🌀🌀🌀🌀🌀
- 慈愛: ♥♥♥♥♥

関連の深い神様:

- 建速須佐之男命 → P.062
- 邇邇芸命 → P.144

海の神や武神としても信仰を集める

大山津見神は、山に宿る御霊や神を象徴する存在だ。神名は大いなる山の神霊という意味で、山の恵みや雄大な姿に対する畏敬の念が込められている。この神様は、全国1万を超える三島大社の主祭神として信仰を集めているが、おもしろいことに海の神としてだ。これは、海上交通の要所である瀬戸内海の大三島にある大山祇神社に祀られていたことから、航海を守護する海の神となったためである。また、瀬戸内海の水軍の守護神として信仰されたため、武将から武神、軍神としても信仰を集め、全国に三島神社が建てられた。

神様トリビア
神話での活躍はないが重要な役割を担う子孫たち

神話で大山津見神の活躍はないが、建速須佐之男命と結婚する櫛名田比売の両親、足名椎命、手名椎命や神大市比売、木花之佐久夜毘売、石長比売など、多数の子孫が登場する。

- 地位: 山の神／海の神／酒造の神
- ご利益: 林業守護／鋼業守護 など
- 神社: 三嶋大社（静岡県三島市）

絵：七片藍

自然

野の草に生命を吹き込む女神

鹿屋野比売神
（かやのひめのかみ）

登場	
名高さ	⛩⛩⛩⛩⛩
霊力	〰〰〰〰〰
慈愛	♥♥♥♥♥

関連の深い神様

久久能智神 → P.037
大山津見神 → P.038

第二章 八百万の神々の誕生

鹿屋野比売神

萱に代表される草を司る野の神

　鹿屋野比売神は、伊邪那岐神、伊邪那美神が生んだ女神で、別名を「野槌神」という。神名の「鹿屋」は植物の萱を指しており、古来より萱は身近な存在だったため、草を象徴する言葉として選ばれたと考えられる。また別名の「野槌」とは、野の精霊という意味なので、野に生える緑全般に生命を吹き込む力を象徴する女神といえるだろう。
　大山津見神との間に、土や霧、峡谷など山野を象徴する天之狭土神、国之狭土神、天之狭霧神、国之狭霧神、天之闇戸神、国之闇戸神、大戸惑子神、大戸惑女神の4対8柱の神を生んだ。

神様トリビア　漬け物発祥の地では日本で唯一の漬け物の神に
　愛知県あま市の萱津神社は、野菜と塩を一緒に瓶に入れて備えたところ程良い塩漬けができたことから漬け物の神社として広まり、祭神の鹿屋野比売神も漬け物の神となった。

地位 野の神／漬け物の神　　ご利益 漬け物の守護　　神社 萱津神社（愛知県あま市）

絵：竜胆ヒマワリ

交通

航海の安全を守る船の神
鳥之石楠船神（とりのいわくすふねのかみ）

第二章　八百万の神々の誕生　鳥之石楠船神

- 登場：★★★★★☆
- 名高さ：★★★★★☆
- 霊力：★★★★☆☆
- 慈愛：★★★★☆☆

関連の深い神様

- 伊邪那美神 →P.023
- 建御雷之男神 →P.054

神々を乗せ鳥のように空を飛ぶ船

鳥之石楠船神は、伊邪那岐神、伊邪那美神の間に生まれた神様で、天鳥船とも呼ばれる。神名の「鳥」は水鳥のように速く進む様子、または鳥が飛ぶように速いことの例え、「石」は堅く丈夫なこと、「楠」は楠材、「船」は文字どおり船の意味なので、楠材で作られた丈夫で速い船という意味の名前だ。文字どおり船の神様であり、運輸、交通の神でもあるが、神々の乗る船そのものでもあるとも考えられている。のちに建御雷之男神と共に葦原中国へ下ったが、このとき建御雷之男神を乗せていったと解釈する説もある。

神様トリビア：船の材料として多用された楠

楠は耐湿性が高く腐敗しにくいこと、虫にも強いことから古来より船の材料として使われていた。大阪湾沿岸地域では、楠で作られた古墳時代の船が何艘も出土している。

- 地位：船の神／運輸交通の神
- ご利益：航海安全／交通安全など
- 神社：神崎神社（千葉県神崎町）

絵：池田正輝

農業

五穀の起源となった食物の女神
大宜都比売神(おおげつひめのかみ)

- 登場 ■■■□□
- 名高さ ⛩⛩⛩⛩□
- 霊力 🌀🌀🌀□□
- 慈愛 ♥♥♥♥□

関連の深い神様

神産巣日神
→P.016

建速須佐之男命
→P.062

大宜都比売神は、伊邪那岐神、伊邪那美神の子で、偉大な食物の女神である。この女神は、高天原を追放された建速須佐之男命に食べ物を求められた際に鼻や口、尻から食材を取り出して調理し、もてなした。ところが、食材の出どころを不審に思った建速須佐之男命にこの様子を覗き見られ、穢れたものを差し出したと誤解されたことで、斬り殺されてしまう。すると、大宜都比売神の死体の各所から、蚕、稲、粟、麦、小豆、大豆が生えた。神産巣日神はそれを取らせて五穀の種とし、これが五穀の起源になったという。

誤解によって殺された悲劇の女神

第二章 八百万の神々の誕生
大宜都比売神

神様トリビア
『日本書紀』では異なる五穀の起源神話

『日本書紀』には、ほぼ同様の話が残されているが、五穀の起源となるのは保食神で、斬り殺すのは月夜見尊(月読命)、天照大神(天照大御神)が五穀の種とするという違いがある。

| 地位 | 農業の神／食物の神 | ご利益 | 農業守護／五穀豊穣など | 神社 | 上一宮大粟神社(徳島県名西郡) |

絵：米谷尚展

自然

伊邪那美神の死因となった火の神
火之迦具土神
（ひのかぐつちのかみ）

第二章 八百万の神々の誕生

火之迦具土神

- 登場 ■■■□□
- 名高さ ⛩⛩⛩⛩⛩
- 霊力 〰〰〰〰〰
- 慈愛 ♥♥♡♡♡

関連の深い神様
- 伊邪那美神 →P.023
- 建御雷之男神 →P.054

噴火の様子を表した誕生の物語

火の神である火之迦具土神は、伊邪那岐神、伊邪那美神の最後の子となった。というのも、伊邪那美神が出産時に大火傷を負って死んでしまうからだ。そして、火之迦具土神も、妻の死の原因となったことで伊邪那岐神の怒りをかい、十拳剣※で殺されてしまう。おそらく、この物語は火山の噴火を表しているのだろう。火の神の誕生は噴火のイメージそのもので、母の死は恵みをもたらす大地の破壊と考えられる。また、火之迦具土神の血や死体から、岩石、火、雷、雨、山の神々が現れるが、これは噴火の様子そのものだ。

神様トリビア｜防火の神様として広く信仰を集める

火の神・火之迦具土神は、防火の神として信仰を集め、全国各地の愛宕神社や秋葉神社に祀られている。また、火を使う鍛冶や陶磁器生産の神としても信仰されている。

地位 火の神／鍛冶の神　ご利益 山林業守護／国土開発など　神社 秋葉山本宮秋葉神社（静岡県浜松市）

※十拳剣：特定の剣の名ではなく、刀身の長さが握り拳10個分の長剣の一般名詞とされる。

絵：中山けーしょー

工業

金属に関わるものすべての守護神
金山毘古神・金山毘売神

- 登場：■■■■■
- 名高さ：⛩⛩⛩⛩⛩
- 霊力：🌀🌀🌀🌀🌀
- 慈愛：♥♥♥

関連の深い神様

伊邪那美神 → P.023
建御雷之男神 → P.054

第二章　八百万の神々の誕生

金山毘古神・金山毘売神

鉱山や製鉄所に祀られる金属の神

伊邪那美神は、火之迦具土神を出産するとき火傷を負い、病にかかって苦しんだ。そのときに吐いた物から現れたのが、金山毘古神、金山毘売神だ。「金山」とは鉱山のこと、「毘古」は男性、「毘売」は女性を表すので、男女一対の鉱山の神であることがわかる。吐しゃ物と鉱山が結びついた理由ははっきりとはわからないが、吐しゃ物の見た目が、崖の割れ目から小石が広がる様子や鉱石の原石と似ていることが理由だと考えられている。大地を連想させる伊邪那美神の吐しゃ物と鉱石のイメージはピッタリだろう。

神様トリビア　製鉄の神である金屋子神は金山毘古神と金山毘売神の子

金屋子神社には、金山毘古神、金山毘売神とその子とされる金屋子神が祀られ、3柱まとめて金山大明神と呼ばれている。この金屋子神はもともとは鍛冶士の信仰する神だったようだ。

地位：鉱山の神／金属の神　　**ご利益**：鉱山守護／鉄鋼業守護など　　**神社**：黄金山神社（宮城県石巻市）

絵：藤川純一

伊邪那美神の大便から現れた土の神
波邇夜須毘古神・波邇夜須毘売神

登場
名高さ
霊力
慈愛

関連の深い神様
- 弥都波能売神 → P.045
- 和久産巣日神 → P.046

火之迦具土神を出産した際の火傷で苦しむ伊邪那美神の大便から現れたのが、この2神だ。「波邇夜須」は赤土の粘土、「毘古」は男性、「毘売」は女性を表すので、男女一対の土の神様である。また「波邇」は、埴輪の「埴」と同じ言葉で、祭具や神器を作るための神聖な力をもつ特別な泥という意味もある。大便から赤土の神が現れたという物語は、単純に見た目が似ているからだろう。地母神的存在の伊邪那美神の大便は、まさに土のイメージだ。また、農耕では糞尿が貴重な肥料として使われたため、肥料の神とも考えられている。

神聖な力をもつ土を象徴

神様トリビア
神様が現れる順番は水稲の起源を表している!?

『古事記』では、土の神であるこの2柱のあとに、水の神・弥都波能売神、穀物の神・和久産巣日神が現れる。これは粘土と水で稲ができる水稲の起源を表したものという説もある。

地位：土の神／陶器の神　ご利益：開墾守護／土木業守護など　神社：大井神社（静岡県島田市）

絵：竜胆ヒマワリ

自然

伊邪那美神の尿から現れた水の女神
弥都波能売神（みづはのめのかみ）

- 登場
- 名高さ
- 霊力
- 慈愛

関連の深い神様

伊邪那美神 → P.023
闇御津羽神 → P.055

火之迦具土神を生んだことで火傷を負い、病に苦しむ伊邪那美神がした尿（ゆまり）から現れたのが、弥都波能売神だ。地母神的存在の伊邪那美神の尿は、大地から湧き出る水や大地を流れる河川を象徴しており、弥都波能売神はこうした水を司る女神である。また、古来より糞尿は貴重な肥料だったことから、肥料の神とも考えられている。そして、水の神という性格から井戸の神としての信仰も生まれた。さらに、井戸端は家事に使われ女性が集まる場所だったことから、子授けや安産の神として信仰する地域もある。

水の神を代表する存在

第二章　八百万の神々の誕生
弥都波能売神

神様トリビア　伝授した紙漉きが越前和紙の起源に

福井県の岡太神社には、弥都波能売神が乙女の姿で現れ、紙漉きを伝えたという伝承が残されている。これが越前和紙の起源になったといい、同社では紙の祖神として祀っている。

地位　水の神／井戸の神　　ご利益　農耕守護／祈雨・祈止雨など　　神社　岡太神社（福井県今立町）

絵：日田慶治

第二章 八百万の神々の誕生 ／ 和久産巣日神

農業

植物を育てる生成力の象徴

和久産巣日神
（わくむすひのかみ）

登場
名高さ
霊力
慈愛

関連の深い神様

弥都波能売神 → P.045

豊宇気毘売神 → P.047

豊穣をもたらす農耕の神

和久産巣日神は、火之迦具土神を生んだことで火傷を負い、病に苦しむ伊邪那美神がした尿（ゆまり）から現れた。同じように尿から現れた弥都波能売神とともに基本的な神格は水の神である。神名の「和久」は若々しい、「産巣日」は生成の霊力を意味するので、水のもつ若々しい力強さがある生成力を象徴する存在だ。また、尿は肥料になるため、大地に活力を与える存在と考えることもできる。そもそも水は農業に欠かせないものでもあり、こうしたことから、豊穣をもたらす農耕の神、生産の神として信仰されている。

神様トリビア

『日本書紀』においては五穀の起源神話に登場

『日本書紀』に記録されている神話のひとつに、稚産霊が五穀の起源になったというものがある。それによれば、頭の上に蚕と桑が、臍のなかに五穀が発生したとされている。

地位 水の神／五穀の神　ご利益 農耕守護／産業守護など　神社 竹駒神社（宮城県岩沼区）

絵：藤川純一

農業

天照大御神の食事を司る女神
豊宇気毘売神(とようけびめのかみ)

登場 ▫▫▫▫▫
名高さ ⛩⛩⛩⛩⛩
霊力 🌀🌀🌀🌀🌀
慈愛 ❤❤❤❤❤

関連の深い神様

天照大御神 →P.060

宇迦之御魂神 →P.123

第二章 八百万の神々の誕生 ─ 豊宇気毘売神

伊勢神宮外宮に鎮座する食物の神

豊宇気毘売神は、別名を豊受大神といい、伊勢神宮の外宮である「豊受大神宮」に祀られている。植物を育てる生成力の象徴である和久産巣日神の娘で、食物を司る女神だ。天照大御神の食事を調達する役割を担っているとされ、大宜都比売神や宇迦之御魂神、保食神などの食物神と同一の神とされることが多い。これらの神々の名前に含まれる「ウカ」「ウケ」「ケ(ゲ)」は、すべて食物を意味する言葉だ。神名の「豊」は豊かな、「毘売」は女性を表すので、豊宇気毘売神とは、豊かな食物の女神という意味である。

神様トリビア ─ 詳細がはっきりしない外宮に鎮座した経緯

『古事記』には、豊宇気毘売神が外宮に祀られるようになった経緯は記されていない。一説によれば、もともとは丹波国の穀物の女神、豊宇賀能売神ではないかといわれている。

地位 穀物の神／食物の神　ご利益 農業守護／漁業守護など　神社 伊勢神宮外宮(三重県伊勢市)

絵：池田正輝

伊邪那美神の死

出産時の火傷が原因で死去

黄泉の国へと降ってしまう伊邪那美神

　伊邪那美神は火の神である火之迦具土神を生んだときに負った火傷が原因で、病気になってしまう。

　伊邪那美神は、病に苦しんで吐いてしまうが、その吐しゃ物から金山毘古神と金山毘売神という男女一対の鉱山の神様が現れた。また、大便からは波邇夜須毘古神と波邇夜須毘売神という、これも男女一対の土の神様が現れている。

　そして、尿からは水の神である弥都波能売神、続けて穀物の生育を司る和久産巣日神が現れた。また、和久産巣日神の子供に、食物の神である豊宇気毘売神がいる。

　伊邪那美神は大地を象徴する地母神的存在であるため、その排泄物などから、鉱山の神、土の神、水の神、穀物の神が現れたというのは、イメージしやすいだろう。

　ここまで14の島と23柱の神々を生んだ伊邪那美神だったが、結局は病が原因で死んでしまい、黄泉の国へと降っていくのだった。

病気になった伊邪那美神は、苦しみながら死んでしまう。怒った伊邪那岐神は病気の原因になった火之迦具土神を斬り殺すのだった。

病床の伊邪那美神から現れた神々

伊邪那美神（P.023）

🟦 = 男神　🟥 = 女神

吐瀉物から誕生
- 金山毘古神（P.043）
- 金山毘売神（P.043）

大便から誕生
- 波邇夜須毘古神（P.044）
- 波邇夜須毘売神（P.044）

尿から誕生
- 弥都波能売神（P.045）
- 和久産巣日神（P.046）
- 豊宇気毘売神（P.047）

斬り殺された火之迦具土神

妻の伊邪那美神が死んでしまった伊邪那岐神は、「子ひとりとひきかえに死んでしまった」といって悲しんで泣いた。すると、涙から泣沢女神が生まれる。この神様は、天香山の畝尾にある木の根本に鎮座していると『古事記』に記されているが、1300年以上経過した今も同じ場所に祀られている、大変珍しい神様だ。

また、伊邪那美神の亡骸は、出雲国と伯伎国の境にある比婆之山に葬むられたという。

愛妻を失った伊邪那岐神は、腰に帯びていた十拳剣を抜いて、火之迦具土神の首を斬って殺してしまう。この火之迦具土神を斬った十拳剣の名は天之尾羽張、または伊都之尾羽張と呼ばれている。

この刀の先についた血が石に飛び散って、石折神・根折神・石筒之男神が誕生した。

そして、刀の鍔についた血が石に飛び散って、甕速日神、樋速日神、建御雷之男神が誕生する。建御雷之男神は、建布都神、豊布都神という別名をもつ雷神だ。

さらに、刀の柄に溜まった血が、指の間から漏れ出て、闇淤加美神・闇御津羽神が誕生した。

死んでしまった火之迦具土神の頭部や胴体、手足からも計8柱の神々が誕生するが、これらの神々はすべて山の神様である。

火之迦具土神から現れた神々

伊邪那岐神の涙から誕生

泣沢女神
(P.050)

剣先の血から誕生

石折神・根折神・石筒之男神
(P.052)

刀の鍔の血から誕生

甕速日神・樋速日神
(P.053)

建御雷之男神
(P.054)

柄の血から誕生

闇淤加美神・闇御津羽神
(P.055)

火之迦具土神の死体から誕生

正鹿山津見神　淤騰山津見神
奥山津見神　　闇山津見神
志藝山津見神　羽山津見神
原山津見神　　戸山津見神

第二章　八百万の神々の誕生　伊邪那美神の死

自然

古井戸が御神体の井戸と湧き水の女神

泣沢女神（なきさわめのかみ）

- 登場
- 名高さ
- 霊力
- 慈愛

関連の深い神様
- 弥都波能売神 → P.045
- 闇御津羽神 → P.055

『古事記』に記された場所に現存

第二章　八百万の神々の誕生

泣沢女神

　泣沢女神は、妻の伊邪那美神を失った伊邪那岐神が流した涙から現れた水の女神だ。『古事記』によれば、この神様は香具山の畝傍にある木の下に祀られていると記されている。香具山とは奈良県の天香久山、畝傍はそのふもとの橿原市付近の地名だ。そして、そこには現在も啼沢女神社と呼ばれる畝尾都多本神社が存在し、ご神体として泣沢という古井戸がある。つまり、『古事記』が記された712年から約1300年もの間、同じ場所に祀られているわけだ。所在地が特定され現存する例は数少なく、大変貴重な存在である。

神様トリビア　涙を流し死者を弔う泣き女を神格化

　太古の日本では、死者を弔う際、巫女が涙を流す儀式があった。この巫女を泣き女と呼び、神と人間とをつなぐ存在として神格化し、泣沢女神になったという説がある。

地位	ご利益	神社
井戸の神／泉の神	寿命長久など	畝尾都多本神社（奈良県橿原市）

絵：双羽純

武芸

神が使う剣の威力を神格化
天之尾羽張神（あめのおはばりのかみ）

登場
名高さ
霊力
慈愛

関連の深い神様

火之迦具土神 → P.042

建御雷之男神 → P.054

第二章 八百万の神々の誕生

天之尾羽張神

神にも剣にもなる不思議な存在

天之尾羽張神は、別名を伊都之尾羽張神といい、「神」がつかない場合は、神剣の名となる。「尾羽張」とは幅の広い剣という意味だ。神話に最初に登場するのは、伊邪那岐神が火之迦具土神の首を斬ったときで、この剣の名が天之尾羽張または伊都之尾羽張とされている。これが剣の名前なのか、または天之尾羽張神が宿った神剣なのか、天之尾羽張神の化身なのかは不明だ。

神として登場するのは葦原中国平定の物語で、大国主神の元へ派遣すべき使者として天之尾羽張神が推薦される。

神様トリビア
エピソードは少ないが高天原屈指の実力者

天之尾羽張神は、葦原中国平定の使者として息子の強力な武神・建御雷之男神とともに推薦される。つまり、息子と同等の力をもつ実力者として扱われているのである。

地位 剣の神／神剣　ご利益 —　神社 斐伊神社（島根県雲南市）

絵：月岡ケル

火の神の血から現れた3柱の神々
石折神・根折神・石筒之男神

- 登場
- 名高さ
- 霊力
- 慈愛

関連の深い神様
- 火之迦具土神 →P.042
- 経津主神 →P.189

第二章 八百万の神々の誕生
石折神・根折神・石筒之男神

石折神、根折神、石筒之男神は、伊邪那岐神が火之迦具土神を十拳剣で斬ったとき、剣先についた血が岩にしたたり落ちて現れた。「折」は裂くという意味で、石折神は岩を裂く神、根折神は根を裂く神という意味になり、どちらも剣の威力を神格化した存在だ。つまり、十拳剣の威力を描写し強調するために作られた神様であると考えられている。そのため、この2柱は剣の神といえるだろう。続いて現れた石筒之男神は、「石」は岩、「筒」は神霊、「男」は男性を表すので、岩の神と解釈するのが一般的だ。

岩も根も斬り裂く威力の象徴

神様トリビア
岩に溜まった血から現れた神様という説も

江戸時代の国学者・本居宣長は、「折」はデコボコを意味する古語「サクミ」に通じると解釈し、岩のくぼみに溜まった血からこれらの神様が現れたとしている。

- 地位 剣の神／岩の神
- ご利益 生命力向上など
- 神社 磐裂根裂神社（栃木県下都賀郡）

絵：日田慶治

火の勢いを象徴する存在
甕速日神・樋速日神

登場：■■■■■
名高さ：⛩⛩⛩⛩⛩
霊力：🌀🌀🌀🌀🌀
慈愛：♥♥♥♥♥

関連の深い神様

火之迦具土神
→ P.042

建御雷之男神
→ P.054

鍔についた血から現れた火の神

第二章 八百万の神々の誕生

甕速日神・樋速日神

　伊邪那岐神が火之迦具土神を斬った十拳剣の鍔からしたたり落ち飛び散った血から現れたのが、甕速日神、樋速日神だ。「甕」は激しい、「速」は速い、「日」は霊の意味なので、甕速日神は激しく速い霊、つまり火の神、雷の神と考えられている。また、「樋」は火を意味するので、樋速日神は火の速い霊、つまり火の神だ。この2柱のあと、雷の神である建御雷之男神が現れることから、甕速日神、樋速日神が剣を焼く様子を、建御雷之男神が剣を鍛えるときに飛び散る火の粉を表しているという説も存在する。

神様トリビア　血から現れた神々は刀剣を鍛える順番を表す!?
火之迦具土神の血は溶けた鉄、石折神、根折神は鋳型、石筒之男神は剣を鍛える石槌、闇淤加美神・闇御津羽神は剣の冷却を表現しているという説もある。

地位　火の神／剣の神　　ご利益　防火防災／家内安全など　　神社　蜂前神社（静岡県浜松市）

絵：藤川純一

53

武芸

高天原最強の武と剣の神
建御雷之男神
（たけみかづちのおのかみ）

- 登場
- 名高さ
- 霊力
- 慈愛

関連の深い神様

建御名方神 → P.133

経津主神 → P.189

第二章　八百万の神々の誕生

建御雷之男神

建御雷之男神は、伊邪那岐神が火之迦具土神を斬った十拳剣の鍔からしたたり落ち飛び散った血から現れた。エピソードは豊富で、葦原中国平定の物語では中心的役割を担い、最後まで抵抗した建御名方神を力比べで屈服させ、平定を成し遂げている。また、神武東征の物語では、熊野で危機に陥った神倭伊波礼毘古命を助けるために、高倉下に神剣の布都御魂を授けている。神名からもわかるように、もともとは雷の神様だが、高天原を代表する勇猛果敢な武神であり、神剣の威力を象徴する剣の神でもある。

自慢の力で葦原中国を平定

神様トリビア
もともとは鹿島地域の土着の神だった

この神様は、もともとは現在の茨城県鹿嶋市一帯の土着神と考えられている。中央政権で神事を司った中臣氏が常陸国出身で、その氏神だったことから神話に取り込まれたようだ。

地位 雷神／武神／剣の神　**ご利益** 武道守護／国家鎮護など　**神社** 鹿島神宮（茨城県鹿嶋市）

絵：月岡ケル

降雨と止雨を司る水の神
闇淤加美神・闇御津羽神

自然

登場 ▮▮▯▯▯
名高さ ⛩⛩⛩⛩⛩
霊力 🌀🌀🌀🌀🌀
慈愛 ♥♥♥♥♡

関連の深い神様

弥都波能売神 → P.045
大国主神 → P.108

霊験あらたかな貴船神社の主祭神

第二章 八百万の神々の誕生

闇淤加美神・闇御津羽神

　闇淤加美神、闇御津羽神は、伊邪那岐神が火之迦具土神を斬った十拳剣の柄を握る指の間から漏れ出た血から現れた。闇淤加美神は、鴨川の水源地にあり、古くから信仰を集める貴船神社（京都府）の主祭神である。「闇」は谷間の意味だが、「淤加美」の正確な意味はわかっていない。

　一説には、雨を司る龍神を意味するといわれ、谷に宿る龍神、谷の水の神と考えられている。もう1柱の闇御津羽神の「御津羽」も、湧き水、河川、龍の姿の水の精など諸説ある。しかし、いずれも水に関係しているので、水の神といってよいだろう。

神様トリビア
貴船神社の主祭神 高龗神の謎
　貴船神社の主祭神は闇淤加美神ともう1柱、高龗神がいる。この神様は、貴船神社の社伝では闇淤加美神と同じ神様とされるが、『古事記』には登場せず、謎が多い。

地位 水の神／雨の神／灌漑の神　　ご利益 祈雨・祈止雨／五穀豊穣など　　神社 貴船神社（京都府京都市）

絵：藤川純一

黄泉の国

亡き妻を追って死者の国へ

黄泉の国の住人となっていた伊邪那美神

伊邪那美神に会うために黄泉の国を訪ねた伊邪那岐神は、黄泉の国の御殿の閉ざされた戸に向かって「愛しい我が妻よ、一緒に進めた国造りはまだ終わってはいない。帰っておいで」といった。

それを聞いた伊邪那美神は「なぜもっと早く来てくれなかったのでしょう。私は黄泉戸喫をしてしまい、もう現世には戻れません」と答える。

黄泉戸喫というのは、黄泉の国の竈で煮たものを食べることで、当時はこれをしてしまうと黄泉の国の住人になってしまうと考えられていた。

伊邪那美神は続けて「愛しい我が夫がせっかくここまで来てくれたので、私を帰してもらえるように黄泉神と相談してみましょう。その間、決して私を見ないでください」といって、御殿のなかに帰っていった。

そこで、伊邪那岐神はいわれたとおり、戻ってくるのを待つことにした。

愛する妻を追って、黄泉の国を訪ねた伊邪那岐神だったが、そこで見たものは変わり果てた伊邪那美神の姿だった。

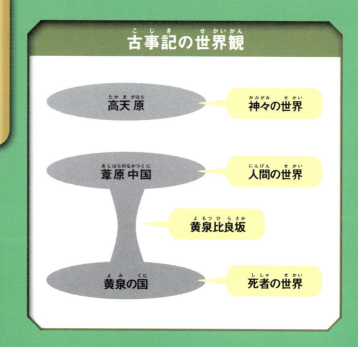

古事記の世界観

- 高天原 — 神々の世界
- 葦原中国 — 人間の世界
- 黄泉比良坂
- 黄泉の国 — 死者の世界

夫婦神の永遠の別れ

　伊邪那美神が戻ってくるのを長い間待っていた伊邪那岐神だったが、ついにしびれを切らして、結った髪に刺していた櫛の太い歯をひとつ折って火を灯し、御殿に入ってしまう。

　するとそこには、蛆にたかられ、体に八雷神がまとわりついている変わり果てた伊邪那美神の姿があった。

　怖くなった伊邪那岐神が逃げだすと、伊邪那美神は恥をかかされたと怒り、予母都志許売に後を追いかけさせた。伊邪那岐神がこれを撃退すると、今度は八雷神と黄泉の国の軍勢に後を追わせた。

　黄泉比良坂のふもとまで来た伊邪那岐神は、桃の実を3つ取って、追ってきた軍勢に投げつけた。すると、軍勢が黄泉の国へ逃げ帰ったので、伊邪那岐神は、桃の実に意富加牟豆美命という名を授けた。

　最後に、伊邪那美神自身が追ってきたので、伊邪那岐神は大きな岩で黄泉比良坂の入り口を塞ぎ、絶縁を宣言する。

　すると、伊邪那美神が「あなたの国の住民を1日に1000人絞め殺しましょう」というので、伊邪那岐神は「それなら私は1日に1500人生むことにしよう」といい返した。これが人間の生死の由来といわれている。

　これ以降、伊邪那美神は黄泉津大神となり、黄泉比良坂を塞いでいる石は道反之大神となった。

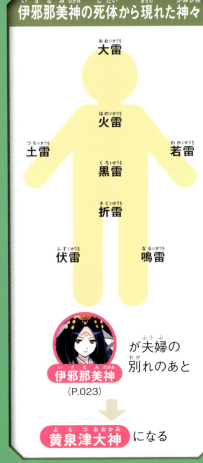

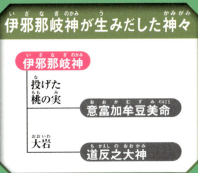

第二章 八百万の神々の誕生　黄泉の国

黄泉の穢れを祓う「禊」

黄泉の国から逃げ帰った伊邪那岐神は、「私は醜悪な穢れた国に行ってしまった。禊をしよう」といって、筑紫日向の橘の小門の阿波岐原で、禊ぎ祓いを始めた。

このとき、まずは身につけていたものを投げ捨てた。すると、杖からは衝立船戸神。帯からは道之長乳歯神。袋からは時量師神。衣からは和豆良比能宇斯能神。袴からは道俣神。冠からは飽咋之宇斯能神。左手の手纒からは奥疎神、奥津那芸佐毘古神、奥津甲斐弁羅神。右手の手纒からは辺疎神、辺津那芸佐毘古神、辺津甲斐弁羅神の、計12柱の神々が現れた。手纒というのは古い時代の装身具で、玉や鈴に紐を通して手に巻いたものだ。

この禊を行った筑紫日向の橘の小門の阿波岐原は、現在の宮崎県宮崎市阿波岐原町と考えられている。

宮崎市を流れる大淀川の三角州一帯は、かつて小戸と呼ばれており、伊邪那岐神を祀る小戸神社がある。また、阿波岐原町の江田神社にも伊邪那岐神が祀られ、近くに禊を行った場所と伝えられている「みそぎ池」もある。

さらに、禊で誕生した住吉三神を祀る住吉神社も近くにある。この神社は全国の住吉神社の元宮と称し、創建から2400年以上という長い歴史をもつ古社だ。

第二章　八百万の神々の誕生
黄泉の国

禊で現れた神々①

伊邪那岐神（P.022）

脱いだ衣服・装飾品から誕生

杖から誕生

衝立船戸神（P.064）

帯から誕生
道之長乳歯神

袋から誕生
時量師神

衣から誕生
和豆良比能宇斯能神

袴から誕生

道俣神（P.065）

冠から誕生
飽咋之宇斯能神

左手の手纒から誕生
奥疎神
奥津那芸佐毘古神
奥津甲斐弁羅神

右手の手纒から誕生
辺疎神
辺津那芸佐毘古神
辺津甲斐弁羅神

■＝男神　■＝女神　■＝性別不明

特別に貴い神様「三貴子」の誕生

　身につけていたものを投げ捨てた伊邪那岐神は、次に自分の体を清めるため水に入った。

　初めに、「上の瀬は潮が速い。下の瀬は潮が遅い」といって、中の瀬に潜って身をすすいだとき、八十禍津日神と大禍津日神が現れた。この2柱は、黄泉の国に行ったときの穢れから生まれた神である。

　次に、その禍を直そうとして、神直毘神と大直毘神、そして伊豆能売神が現れた。

　次に水の底で身を清めたとき、底津綿津見神と底筒之男命が、中層で身を清めたとき、中津綿津見神と中筒之男命が、水面で身を清めたとき、上津綿津見神と上筒之男命がそれぞれ現れた。

　この3柱の綿津見神を総称して、綿津見三神と呼び、綿津見神の子の宇都志日金析命が阿曇氏の祖神とされる。また、底筒之男命、中筒之男命、上筒之男命の3柱の神様は、住吉大社に祀られる住吉三神である。

　そして、左目を洗ったとき天照大御神が、右目を洗ったとき月読命が、次に鼻を洗ったとき建速須佐之男命が現れる。伊邪那岐神は、「私は子を次々に生んで、最後に3柱の貴き子を得ることができた」といって大変喜んだ。

　以降の物語は、三貴子と呼ばれるこの3柱を中心に進んでいく。

第二章　八百万の神々の誕生　黄泉の国

高天原を統べる偉大なる太陽神
天照大御神（あまてらすおおみかみ）

登場 ★★★★☆
名高さ ★★★★★
霊力 ★★★★☆
慈愛 ★★★★★

関連の深い神様

高御産巣日神
→P.015

建速須佐之男命
→P.062

第二章 八百万の神々の誕生

天照大御神

　天照大御神は、伊邪那岐神が黄泉の国の穢れを祓うため、左目を洗い流したときに現れた。右目から現れた月読命、鼻から現れた建速須佐之男命とともに三貴子と呼ばれ、特別に貴い神様とされる。天照大御神は、伊邪那岐神から神々の住む高天原を与えられており、三貴子の筆頭といえる存在だ。神名の「天照」は天を照らす太陽のことで、偉大な太陽神として信仰されている。また、皇室の祖神でもあり、八百万の神々の頂点でもある。さらに、日本の総氏神とされ日本人すべてを守護する存在として、深く信仰されている。

日本人全員を守護する日本の総氏神

神様トリビア　天照大御神は男神か？女神か？
　天照大御神は一般的には女神とされている。しかし、世界的に見ると太陽神といえば男神であるのが一般的なため、男神説も根強くさまざまな議論を呼んでいる。

地位　太陽神／皇祖神／日本の総氏神　　ご利益　国土平安／五穀豊穣など　　神社　伊勢神宮内宮（三重県伊勢市）

絵：NAKAGAWA

農業

夜の世界を支配する月の神
月読命(つくよみのみこと)

- 登場: ▮▮▮▮▮
- 名高さ: ⛩⛩⛩⛩⛩
- 霊力: 🌀🌀🌀🌀🌀
- 慈愛: ❤❤❤❤❤

関連の深い神様

天照大御神 →P.060 ／ 建速須佐之男命 →P.062

暦を読む農耕と狩猟の守護神

月読命は、伊邪那岐神が黄泉の国の穢れを祓った際、洗い流した右目から現れた。同じタイミングで現れた天照大御神、建速須佐之男命と合わせて、三貴子と呼ばれる特別な神様だ。伊邪那岐神から「夜の食国」を与えられたが、以降の神話に登場することはない。

「月読」の名は、月夜に神霊を表す「ミ」が付いたものと考え、夜の月の神とする説のほか、月を読む、つまり月齢や月の運行を知ることを表しているという説もある。暦や月齢は農耕や漁業ではとても大切だったので、こちらの説が根強い。

神様トリビア　『日本書紀』に記された昼と夜の起源

『日本書紀』には、「月読命が誤解から保食神を殺してしまい、怒った天照大御神が月読命と離れて住むようになったため昼と夜ができた」という昼夜起源神話が記されている。

第二章　八百万の神々の誕生　月読命

地位　月の神／農業の神／狩猟の神　　ご利益　五穀豊穣／豊漁守護 など　　神社　月読神社（京都府京都市）

絵：三好載克

建速須佐之男命（たけはやすさのおのみこと）

性格が豹変する謎多き神様

農業

- 登場 ★★★★★
- 名高さ ★★★★★
- 霊力 ★★★★★
- 慈愛 ★★★☆☆

関連の深い神様

天照大御神 → P.060

月読命 → P.061

第二章 八百万の神々の誕生

建速須佐之男命

乱暴狼藉の限りを尽くした荒ぶる神

建速須佐之男命は、伊邪那岐神が黄泉の国の穢れを祓った際、洗い流した鼻から現れた。同じタイミングで現れた天照大御神、月読命と合わせて、三貴子と呼ばれる特別な神様だ。伊邪那岐神から「海原」を与えられたが統治せず、高天原で暴れ回ったため追放されてしまう。こうして葦原中国へと降り立つが、そこでは八俣遠呂智を退治して夫婦を救い、和歌を詠むなど性格が豹変するおもしろい神様だ。これは成長の様子が表現されているとも、複数の神様の話が集約されたともいわれるが、はっきりとはわかっていない。

神様トリビア 厄除けの神として絶大な人気に

建速須佐之男命は疫病神の性格をもつが、疫病神を慰めることで疫病を防ぐ祇園信仰の広まりとともに、全国の八坂神社や津島神社で厄除けの神として信仰されるようになった。

地位：農業の神／穀物の神／疫病神　ご利益：五穀豊穣／厄除けなど　神社：八坂神社（京都府京都市）

絵：伊藤サトシ

自然

伊邪那美神から現れた8柱の雷神
八雷神
やくさのいかづちのかみ

- 登場 📗📗📘📘📘
- 名高さ ⛩️⛩️⛩️⛩️⛩️
- 霊力 🌀🌀🌀🌀🌀
- 慈愛 ❤️❤️❤️❤️❤️

関連の深い神様

伊邪那岐神 → P.022

伊邪那美神 → P.023

第二章　八百万の神々の誕生

八雷神

伊邪那岐神を追いかけた穢れの象徴

八雷神は、死んで黄泉の国へ降った伊邪那美神の身体の各所にまとわりついていた8柱の雷神だ。頭の大雷神は雷そのものを、胸の火雷神は火災を起こす雷を、胸の黒雷神は真っ黒な雷雲を、陰部の祈雷神は天を切り裂く様子を、左手の若雷神は雷のもつエネルギーを、右手の土雷神は雷が地面に吸収される様子を、左足の鳴雷神は雷鳴を、右足の伏雷神は雷雲の中の雷光をそれぞれ象徴していると考えられている。また、それぞれが死の穢れを象徴しているとも考えられており、古代の人々が雷を恐れていたことが伺える。

> **神様トリビア**
> **雨をもたらす雷は恐怖と恵みの象徴**
> 雷は恐怖の対象であると同時に雨の恵みを象徴する存在でもある。そのため、雷の多い地域では稲作の守護神、雷除けや雨の神様として雷は信仰を集めた。

- 地位　雷神
- ご利益　祈雨／災難除けなど
- 神社　雷神社（神奈川県横須賀市）

絵：七片藍

生活

悪神や悪霊の侵入を防ぐ守り神
衝立船戸神（つきたつふなとのかみ）

登場 ▨▨▨▨▨
名高さ ⛩⛩⛩⛩⛩
霊力 🌀🌀🌀🌀🌀
慈愛 ♥♥♥♥♥

関連の深い神様

伊邪那岐神
→P.022

道俣神
→P.065

第二章　八百万の神々の誕生

衝立船戸神

集落を守る結界を象徴する存在

　黄泉の国から逃げ帰ってきた伊邪那岐神が、身につけていたものを脱ぎ捨てると12柱の神様が現れたが、衝立船戸神は最初に捨てた杖から化生した神様だ。「衝立」は杖を突き立てる様子、「船戸」とは、来てはならない場所を意味する「来な処」のクが時間の経過とともにフに変化したと考えられている。つまり、突き立てた杖よりこちらへは来るなという意味の神名ということになる。
　これは、疫病や災害をもたらす悪霊などが集落に入るのを防ぐとされる、民間信仰の岐の神と性質が非常に近い。

神様トリビア
衝立船戸神と同一視される来名戸祖神

　衝立船戸神と同一視されるのが、『日本書紀』の来名戸祖神だ。この神様は、伊邪那岐神が「これ以上は来るな」といって投げた杖から現れており、性質がよく現れている。

地位　守り神／道の神　　ご利益　疫病除け／悪霊退散など　　神社　日先神社（茨城県土浦市）

絵：中山けーしょー

境界を守護する集落の守り神
道俣神(ちまたのかみ)

- 登場
- 名高さ
- 霊力
- 慈愛

関連の深い神様
- 伊邪那岐神 →P.022
- 衝立船戸神 →P.064

第二章　八百万の神々の誕生

道俣神

疫病神や悪霊の侵入を阻止

　道俣神は、黄泉の国から逃げ帰った伊邪那岐神が脱ぎ捨てた袴から現れた神様だ。神名の「道俣」は道路の分岐点や交差点を意味しているので、道路の分岐点に宿る神様である。袴から現れたとされるのは、袴が途中から二股に分かれることからイメージされたのだろう。『古事記』には、「道俣」がどんな神様なのか記述はないが、民間信仰の岐の神、塞の神と同じ存在と考えられている。これらは、疫病神や悪霊といった災いが集落に侵入しないよう、集落の境界線や道路の分岐点に祀られた神様である。

神様トリビア　さまざまな信仰と宗教が入り混じった道祖神

境界や分岐点の守り神として知られる道祖神は、道俣神と性質が近い。もとは中国の神様といわれるが、岐の神や仏教の地蔵菩薩などさまざまな信仰や宗教が混じりあった存在だ。

 地位　道の神／境界の神　　 ご利益　悪霊退散／家内安全など　　 神社　葛上白石神社(奈良県吉野町)

絵：日田慶治

黄泉の穢れから現れた災いの神
八十禍津日神・大禍津日神

登場 ▪▪▫▫▫
名高さ ⛩⛩⛩⛩⛩
霊力 🌀🌀🌀🌀🌀
慈愛 ♥♥♥♥♥

関連の深い神様
- 伊邪那岐神 → P.022
- 神直毘神・大直毘神 → P.067

第二章　八百万の神々の誕生

八十禍津日神・大禍津日神

黄泉の国から逃げ帰った伊邪那岐神が、安波岐原で黄泉の穢れを祓うために中の瀬に潜ったとき、八十禍津日神、大禍津日神の2柱が現れた。神名の「禍」は災厄、「日」は神霊を表すので、どちらも災厄の神だ。古来より日本では、突然の病気や不慮の事故で死んだり、不幸に見舞われるのは、穢れが原因と考えられてきた。この2柱はそうした穢れを象徴する悪神、疫病神といえる。悪神や疫病神を祀ることで災厄から逃れられると考えたことから、この2柱も厄除けの神として神社に祀られるようになった。

悪神が転じて厄を払う善神に

神様トリビア
神直毘神と大直毘神とともに警固神社に祀られる

八十禍津日神は、神直毘神と大直毘神とともに福岡県博多市の警固神社に祀られ警固大神として信仰されている。正反対の性格をもつ神様が一緒に祀られているのが興味深い。

地位　災厄の神　　ご利益　厄除け／病気平癒など　　神社　太白山神社（石川県津幡町）

絵：七片藍

禍を直すために現れた御祓の神
神直毘神・大直毘神

- 登場
- 名高さ
- 霊力
- 慈愛

関連の深い神様

伊邪那岐神
→ P.022

八十禍津日神・大禍津日神
→ P.066

神直毘神、大直毘神は、伊邪那岐神の黄泉の穢れから現れた八十禍津日神と大禍津日神の「禍」を直すために、現れた神様だ。神名の「直」はそのまま直す、「日」は神霊を意味するので、そのまま禍を直す神という意味になる。「神」は神々しい、「大」は偉大なという意味の美称で、存在を称えるための言葉だ。八十禍津日神と大禍津日神が現れた直後に、この２柱が現れており、災厄や不幸といった凶事を象徴する悪神と、平安や幸福といった吉事を象徴する善神との、明確な対立関係が作られている。

災厄の神のもたらす禍を打ち消す神様

神様トリビア
直毘神の直後に現れた伊豆能売神の謎

神直毘神、大直毘神が現れた直後に伊豆能売神が現れた。しかし、神様を意味する「神」がつくものの、役割も不明なため、謎の多い存在として議論の対象となっている。

第二章　八百万の神々の誕生

神直毘神・大直毘神

- 地位　御祓の神
- ご利益　厄除け／病気平癒など
- 神社　伊蘇乃佐只神社（鳥取県八頭町）

絵：藤川純一

綿津見三神
玄界灘の要所・志賀島に鎮座

底津綿津見神
中津綿津見神
上津綿津見神

第二章　八百万の神々の誕生

綿津見三神
（底津綿津見神／中津綿津見神／上津綿津見神）

登場
名高さ
霊力
慈愛

関連の深い神様
- 伊邪那岐神 → P.022
- 住吉三神 → P.069

綿津見三神は、伊邪那岐神が川に入って黄泉の穢れを祓ったとき現れた3柱の神々だ。底で身を清めたとき底津綿津見神が、中ほどで身を清めたとき中津綿津見神が、水面で身を清めたとき上津綿津見神がそれぞれ現れた。また、同時に住吉三神も現れている。もともと1柱の神様だったのを3柱にわけたと考えられているが、理由はわかっていない。『古事記』に、綿津見神の子の宇都志日金拆命が安曇氏の祖神と記されており、全国の綿津見神社の総本宮である志賀海神社には綿津見三神が祀られ、代々安曇氏が祭祀を司っている。

志賀海神社に祀られる安曇氏の祖神

神様トリビア
兵庫県神戸市の海神社ではそれぞれに役割分担を設定

海神社では、底津綿津見神を海藻の神、塩の神。中津綿津見神を漁業の神。上津綿津見神を航海の神として祀っており、わかりやすい役割分担になっている。

地位 海の神／航海の神　　**ご利益** 航海安全／漁業守護など　　**神社** 志賀海神社（福岡県福岡市）

絵：七片藍

自然 1

住吉に鎮座する海上交通の守護神
住吉三神 （すみよしさんじん）

底筒之男命（そこつつのおのみこと）
中筒之男命（なかつつのおのみこと）
上筒之男命（うわつつのおのみこと）

登場 ★★★★☆
名高さ ★★★★★
霊力 ★★★☆☆
慈愛 ★★★☆☆

関連の深い神様

伊邪那岐神 →P.022

綿津見三神 →P.068

伊邪那岐神が水に入って黄泉の穢れを祓ったとき、綿津見三神とともに現れたのが住吉三神だ。底で身を清めたとき底筒之男命が、中層で身を清めたとき中筒之男命が、水面で身を清めたとき上筒之男命がそれぞれ現れたという。

海の神、航海の神とされる理由は、神名の「筒」を、「星」と捉え、航海の道標となった宵の明星（金星）やオリオン座の三ツ星とする説、港を意味する「津」とする説、船の霊を祀っている帆柱を受ける「筒」とする説など諸説あって、はっきりとわかっていない。

全国2300社の住吉大社の主祭神

第二章 八百万の神々の誕生 ─ 住吉三神（底筒之男命／中筒之男命／上筒之男命）

神様トリビア
強力な力をもつ神様として全国的に信仰が広がる

神功皇后は、新羅出兵の際航海を守ってくれた住吉三神に感謝し、住吉に社を建立した。これが住吉大社の起源とされ、多くのご利益をもつ強力な神様として広く信仰されている。

地位 海の神／航海の神　ご利益 海上安全／漁業守護など　神社 住吉大社（大阪府大阪市）

絵：米谷尚展

※宵の明星を意味する夕星など、昔は星を「つづ」「づつ」「つつ」と読んでいた。

神話コラム ❷
神使
神様の意志を伝える動物たち

神社にいる動物たちは神様の使い

　神社の入口には狛犬が置かれているが、ほかにも神社の境内や参道にいろいろな種類の動物の像が置かれていたり、動物が飼われていたりするのを見たことがあるだろう。これは「神使」という神様の使い、神様の眷属と考えられている動物たちだ。厳島神社や春日大社の鹿、太宰府天満宮や北野天満宮の牛、伊勢神宮や塩竈神社の馬、伏見稲荷大社の狐などが特に有名だが、ほかにも神社ごとにさまざまな動物が神使とされている。このように神使が神社ごとに異なる理由は、神社に祀られている神様や神社の起源や由来と深く関係しているからだ。

猪 いのしし

和気清麻呂が猪に助けられたという故事が起源。愛宕神社は和気清麻呂の創建、護王神社は主祭神が和気清麻呂だ。

代表的な神社
愛宕神社（京都府京都市）
護王神社（京都府京都市）

兎 うさぎ

住吉大社は創建が211年卯年卯月卯日であることが由来。調神社は、名前が月に通じることから月の使いとされる兎が神使に。

代表的な神社
住吉大社（大阪府大阪市）
調神社（埼玉県さいたま市）

牛 うし

祭神である菅原道真の亡骸を牛車で運んでいたとき、牛が動かなくなってしまったのでその場所に埋葬したという故事が由来。

代表的な神社
太宰府天満宮（福岡県太宰府市）
北野天満宮（京都府京都市）

鰻 うなぎ

その昔、三島の神様が洪水で流されてしまったとき、突然現れた大きな鰻の背中に乗って助かって以来、鰻が神使となった。

代表的な神社
三嶋大社（静岡県三島市）

馬 うま

古来より、馬は神様の乗り物と考えられ、「神馬」と呼んで大切にしていた。そのため、境内で馬を飼っている神社は多い。

代表的な神社
伊勢神宮（三重県伊勢市）
鹽竈神社（宮城県塩竈市）

狼 おおかみ

「お犬さま」と呼ばれるが日本狼のこと。東征の際、倭健命が邪神の発生させた霧で道に迷うが、白狼が現れ道案内をしたことが由来。

代表的な神社
武蔵御嶽神社（東京都青梅市）
三峯神社（埼玉県秩父市）

亀 かめ

所在地付近の亀尾山に由来。洪水で神様が流されてしまったとき、現れた大亀に助けられたという伝説が由来とする説もある。

代表的な神社
松尾大社（京都府京都市）

烏 からす

神武東征の際、先導するために熊野に遣わされた八咫烏が由来。日本古来のミサキ鳥信仰の影響があるという説も。

代表的な神社
熊野三山（和歌山県田辺市など）
諏訪大社（長野県諏訪市など）

狐 きつね

御饌津神を三狐神と書いたことが由来とする説、山の神の使いと考えられていたものが稲荷神の使いとなったという説など諸説あり。

代表的な神社
伏見稲荷大社（京都府京都市）

鯉 こい

近くを流れる五行川で釣った鯉を調理しようとしたところ、流れた血が「大前大権現」という文字になったという伝説が由来。

代表的な神社
大前神社（栃木県真岡市）

鷺 さぎ

神功皇后が杉の木に鷺が3羽とまったのを見て、住吉大神がここに祀られることを望んでいると考え、祀る地を決めたことが由来。

代表的な神社
住吉大社（大阪府大阪市）
氣比神宮（福井県敦賀市）

猿 さる

真猿が「魔去る」に通じることが起源。日吉大社では比叡山に住む猿を山の化身とする古い信仰が起源という説も。

代表的な神社
春日大社（奈良県奈良市）
日吉大社（滋賀県大津市）

神話コラム❷　神使

神話コラム❷ 神使

鹿 しか

春日大社は、主祭神の建御雷神が白鹿に乗ってやってきたことから。鹿島神宮は、天照大御神の使者、天迦久神が鹿の神霊だったことから。

代表的な神社 春日大社（奈良県奈良市）
鹿島神宮（茨城県鹿嶋市）

鶴 つる

諏訪湖に飛来する鶴が由来と考えられているが、文書や伝承は残されておらず、正確なことはわかっていない。

代表的な神社 諏訪大社（長野県諏訪市 など）

蛸 たこ

主祭神の速玉男命が熊野灘で嵐に遭ったとき、大蛸に乗って海を渡り、吉備国に上陸してやってきたという伝説が起源。

代表的な神社 福岡神社（福岡県福岡市）

鶏 にわとり

天照大御神が天の岩戸に隠れてしまったとき、天宇受売命が鶏（常世長鳴鶏）を岩戸の前に集め、鳴かせたことが由来。

代表的な神社 伊勢神宮（三重県伊勢市）
白鬚神社（山形県鶴岡市）

鼠 ねずみ

大穴牟遅神（大国主神）が、健速須佐之男命に野原で焼き討ちされたとき、鼠に教えられた地中の穴に隠れて助かったことが由来。

代表的な神社 大豊神社（京都府京都市）

蜂 はち

大穴牟遅神（大国主神）が黄泉の国を訪れたとき、蜂とムカデのたくさんいる部屋に入れられたが助かったことが由来とされる。

代表的な神社 日光二荒山神社（栃木県日光市）

鳩 はと

宇佐神宮の由来は不明だが、石清水八幡宮には宇佐神宮の神様を迎えるとき、金の鳩が現れたという伝承がある。

代表的な神社 宇佐神宮（大分県宇佐市）
石清水八幡宮（京都府八幡市）

蛇 へび

出雲大社が全国の神々を迎える10月頃、海岸に海蛇が打ち上げられることから、神様を先導していると考えられたことが由来。

代表的な神社 出雲大社（島根県出雲市）

第三章
三貴子（みはしらのうずのみこ）の物語（ものがたり）

伊邪那岐神（いざなぎのかみ）の禊（みそぎ）によって誕生（たんじょう）した3柱（はしら）の貴（とうと）い御子（みこ）は、それぞれ支配地（しはいち）を与（あた）えられた。末弟（まってい）の健速須佐之男命（たけはやすさのおのみこと）は海原（うなばら）を与（あた）えられたが、さまざまな問題（もんだい）を起（お）こして天照大御神（あまてらすおおみかみ）を岩戸（いわと）に隠（かく）れさせ、世界（せかい）を闇（やみ）に閉（と）ざしてしまう。

須佐之男命の誓約

攻める意志のないことを誓約で証明

追放された建速須佐之男命

　伊邪那岐神は、首飾りを天照大御神に与え「高天原を治めよ」といって統治を任せた。そして、月読命には「夜の食国」を、建速須佐之男命には「海原」（国土のこと）をそれぞれ統治するよう命じた。天照大御神と月読命は、きちんと与えられた国を治めていたが、建速須佐之男命だけは国を治めず、長い髭が胸の前に垂れ下がるほどの長い時間、激しく涙を流して泣きわめいていた。

　その様子は、山を枯山にし、河や海の水をすべて枯れさせてしまう程ひどい有様だった。そのため、さまざまな悪鬼による災いが起きるようになってしまう。

　そこで伊邪那岐神は、「なぜお前は国を治めず、激しく泣いているだけなのか」と問い詰めた。すると、建速須佐之男命は「亡くなった母のいる黄泉の国にいきたくて泣いているのです」と答えたため、伊邪那岐神は激怒して、「ならばお前はこの国に住むな」といって、海原（国土）から追放してしまった。

国を治めなかったため追放された建速須佐之男命は、天照大御神を訪ねた。しかし、姉神の大きな誤解から、誓約をすることになる。

須佐之男命のわがまま

①母（伊邪那美神）に会いたいと泣き続け支配地の統治を放棄

建速須佐之男命（P.062）

②怒って海原（国土）から追放

伊邪那岐神（P.022）

③根の国に行く前に高天原の天照大御神に会いに行く

④国を奪いにきたと思い武装して迎える

天照大御神（P.060）

武装して出迎えた天照大御神

　海原（国土）を追放された建速須佐之男命は「天照大御神に話してから黄泉の国へいこう」といって、高天原に向かった。

　すると、山も川もことごとく鳴動し、国土がすべて揺れ動いた。天照大御神は、その様子に驚き「弟が上って来るのは、善良な心ではないでしょう。きっと我が国を奪おうと思っているのだろう」といって、すぐ髪を解いてみづらに束ね、八尺の勾玉を体に巻き付け、たくさんの矢と弓を用意して戦いの準備を始めた。そして、しっかりと地面を踏みしめ、威勢よく雄叫びを上げて待ち「なぜ上って来たのか」と尋ねた。

　建速須佐之男命は「私には邪心はありません。ただ父の伊邪那岐神が、私が激しく涙を流して泣いている理由を問われたので、母の国に行きたいと思って泣いていると申し上げました。すると父は、お前はこの国に住んではならないとおっしゃって、追放されてしまったのです。このことを説明しようと思ってやって来たので、謀反の心はありません」と説明した。

　そこで、天照大御神が「ならばお前の心が潔白なのをどうやって証明するのか」と問いかけたところ、建速須佐之男命は「ではそれを誓って子を生みましょう」と答えた。

第三章　三貴子の物語

須佐之男命の誓約

三貴子の支配地

	天照大御神 (P.060)	月読命 (P.061)	建速須佐之男命 (P.062)
古事記	高天原	夜の食国	海原 (国土)
日本書紀	天上 天地 高天原	天地 海原 共同統治	根の国 天の下 海原

天照大御神と建速須佐之男命の誓約

天照大御神は建速須佐之男命の提案を受け入れ、天の安河を挟んで、誓約をすることにした。

まず天照大御神が、建速須佐之男命の十拳剣を譲り受け、3つに折って天之真名井の水ですすぎ、噛み砕いて息の霧を吹き出した。すると、そこから3柱の女神が現れる。女神は、多岐都比売命、市寸島比売命、多紀理毘売命といい、この3柱を宗像三女神と呼ぶ。

次に建速須佐之男命が、天照大御神が左のみづらに巻いていた、たくさんの八尺の勾玉でできた飾りの玉を譲り受け、天之真名井の水ですすいで、噛み砕いて息の霧を吹き出した。すると、そこから正勝吾勝勝速日天之忍穂耳命が現れる。

同じように、右のみづらに巻いていた玉からは天之菩卑能命が、かづらに巻いていた玉からは天津日子根命が、左手に巻いていた玉からは活津日子根命が、右手に巻いていた玉からは熊野久須比命が現れ、合わせて5柱の男神が現れた。

そこで天照大御神が、建速須佐之男命に「あとで生まれた5柱の男神は、私の身につけていた玉から生まれたので私の子である。先に生まれた3柱の女神は、お前の剣から生まれたので、お前の子である」と告げ、誓約を終えた。

第三章 三貴子の物語 須佐之男命の誓約

誓約によって誕生した神々

十拳剣を噛み砕いて吹き出した息から誕生
- 宗像三女神
  - 多岐都比売命 (P.078)
  - 市寸島比売命 (P.078)
  - 多紀理毘売命 (P.078)

建速須佐之男命の持ち物から誕生したので建速須佐之男命の子とされる

勾玉を噛み砕いて吹き出した息から誕生
- 天之忍穂耳命 (P.079)
- 天之菩卑能命 (P.080)
- 天津日子根命 (P.081)
- 活津日子根命 (P.082)
- 熊野久須比命 (P.083)

天照大御神の持ち物から誕生したので天照大御神の子とされる

潔白を証明した建速須佐之男命

　天照大御神に誓約の結果を告げられた建速須佐之男命は、「私の心が清く明るいので、私の子はか弱い女性だった。よって身の潔白は証明された」と勝利を宣言し、高天原に入ってしまう。

　そして、好き放題に暴れ始めたため、天照大御神が岩戸に隠れてしまうのである。

　ちなみに、この誓約のエピソードは、『日本書紀』では、建速須佐之男命が5柱の男神を生んで潔白を証明しているほか、剣や玉を交換しないなど、さまざまな方法と結果が記されている。

　また、建速須佐之男命の子供である宗像三女神は、宗像大社の祭神としても有名なほか、多紀理毘売命は、出雲神話の主役となる大国主神の妻のひとりだ。

　天照大御神の子供は、天之忍穂耳命や天之菩卑能命がのちの国譲りの物語に登場するほか、天津日子根命はさまざまな氏族の祖神と記されている。

神様豆知識 ① 同じ神様なのに呼び方が変わる理由

　同じ神様なのに、「神」がついたり「命」がついたりするが、これは『古事記』が間違っているわけでも、書く側が適当に決めているわけでもない。

　『古事記』では、「神」は神様全般に使われる尊称で、「大神」「大御神」は特に貴い神様に限定される。

　また、「命」はなにかを命じられている状態の神様だ。つまり、通常は「神」だが、命令を受けて行動している場合は「命」となるのである。

■神名の法則（一例）

神名の語尾	意味
智・見・日・日	神霊
男・子・彦・比古・毘古	男神
女・比売・毘売	女神

■尊称の使い分け

尊称	古事記	日本書紀
神	「神」は神様全般に用いられる。貴い神様は「大神」「大御神」を使う。	
尊	———	天津神や皇室の祖先の神々に対して用いられる。神は一切使わない。
命	命は命令を意味する「御事」。なにかの命令を受けた神に用いられる。	「尊」を使用する神々以外は、すべて「命」の字を用いる。

第三章　三貴子の物語　須佐之男命の誓約

自然

荒海に鎮座する海の守り神

宗像三女神（むなかたさんじょじん）

多紀理毘売命（たきりびめのみこと）
市寸島比売命（いちきしまひめのみこと）
多岐都比売命（たきつひめのみこと）

登場 ★★★★★
名高さ ⛩⛩⛩⛩⛩
霊力 ☁☁☁
慈愛 ♥♥♥♥

関連の深い神様

天照大御神 → P.060
建速須佐之男命 → P.062

第三章　三貴子の物語

宗像三女神（多紀理毘売命／市寸島比売命／多岐都比売命）

その名のとおり、3柱の女神の総称で、海の安全を守る絶世の美女として名高く、広く知られている。高天原での誓約にて、天照大御神は建速須佐之男命からひと振りの剣を受け取った。それを噛み砕き、吹き出した霧の中から生まれたのがこの神々だ。か弱い女神が誕生したことで、建速須佐之男命は身の潔白を証明したという。

元は北九州の宗像氏を中心に信仰されており、それぞれ玄界灘の沖ノ島の奥津宮（多紀理毘売命）、大島の中津宮（多岐都比売命）、田島の辺津宮（市寸島比売命）に鎮座している。

剣から生まれた美しい神々

神様トリビア
水を司る美人の神として七福神の一員に？

全国8千以上の神社で祀られてる人気の高い神々だが、中でも市寸島比売命は七福神の弁才天と同一の神として見られることがある。どちらも絶世の美女として有名だ。

地位　海の神／財福・技芸の神　　ご利益　航海安全／交通安全／豊漁／商売繁盛　　神社　宗像大社（福岡県宗像市）

絵：虹之彩乃

農業

五穀豊穣を司る農業と稲穂の神
天之忍穂耳命
（あめのおしほみみのみこと）

- 登場 ▮▮▮▮▯
- 名高さ ⛩⛩⛩⛩⛩
- 霊力 🌀🌀🌀🌀🌀
- 慈愛 ♥♥♥♥♡

関連の深い神様

- 天津日子根命 → P.081
- 邇邇芸命 → P.144

第三章　三貴子の物語　天之忍穂耳命

勾玉から生まれた天照大御神の長男

誓約の際に天照大御神の勾玉から生まれた5柱のなかのひとりで、天照大御神直系の稲穂の神として知られている。名にある「耳」とは、たくさんの実をつけて頭を垂れる稲穂の様子を表している。

天之忍穂耳命は天孫降臨で知られる邇邇芸命の父として名高い。そもそも天照大御神から地上に降りて統治を行う命を受けたのは天之忍穂耳命だったが、それを生まれたばかりの息子に譲り渡したのだ。理由は諸説あるが、霊力が強いといわれる赤子が適任であると判断したというのが有力である。

神様トリビア　誓約の様子を伝える長い別称

天之忍穂耳命には正勝吾勝勝速日天之忍穂耳命という非常に長い別称がある。これは建速須佐之男命の勝ち誇った態度を記しており、誓約の様子が伺えるようだ。

地位　農業の神／稲穂の神　｜　ご利益　商売繁盛／入学／就職／結婚／病気平癒　｜　神社　二宮神社（兵庫県神戸市）

絵：米谷尚展

79

農業

誓約で生まれた農業を司る稲穂の神
天之菩卑能命（あめのほひのみこと）

第三章　三貴子の物語　天之菩卑能命

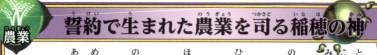

- 登場 ■■■■■
- 名高さ ■■■■■
- 霊力 ■■■□□
- 慈愛 ■■■□□

関連の深い神様

- 天之忍穂耳命 →P.079
- 大国主神 →P.108

交渉役に抜擢された天照大御神の使い

　天照大御神と建速須佐之男命の誓約の際、天照大御神の勾玉から生まれた5柱のうちのひとりで、『古事記』の大国主神の国譲り神話で知られている。
　天照大御神が地上を天之忍穂耳命に治めさせようとすると、葦原中津国ではすでに大国主神が国造りを進めていた。このとき、国を譲らせるために遣いとして送られたのが天之菩卑能命だ。しかし彼は説得するどころか大国主神に心服してしまい、3年もの間報告を怠ったという。交渉役に推したのは思金神だったというが、どうやら見込み違いだったようだ。

神様トリビア　『古事記』では失敗、子孫の記述では大成功！？

『出雲国造神賀詞』では交渉が成功し、さらに国を統治したと記されている。ただ天之菩卑能命は祝詞を書いた出雲氏の祖神であるため、脚色がされているのかもしれない。

地位　稲穂の神／農業の神　　ご利益　商売繁盛／出世金運／厄難消除　　神社　五宮神社（兵庫県神戸市）

絵：磯部泰久

自然

風雨を司り災害から作物を守る神
天津日子根命
（あまつひこねのみこと）

- 登場
- 名高さ
- 霊力
- 慈愛

関連の深い神様

天照大御神 → P.060

天之忍穂耳命 → P.079

第三章 三貴子の物語 — 天津日子根命

氏族の祖神として日本全国で祀られる

誓約によって生まれた5柱の男神のひとり。風雨を司る神として、雨乞いや台風除けなど、自然災害から作物を守る際に霊威を発揮するという。

天津日子根命は日本各地で広く祀られている神だが、その理由に多くの有力氏族たちの祖神とされていることがある。天津日子根命を祖神とする氏族らは天皇家に忠誠を誓う直属の者たちで、日本全国に存在していた。各地の神々と結び付けられ祀られることでその霊力はより高まり、農業のみならず漁業、産業などでも霊威を発揮するといわれている。

神様トリビア：天津日子根命を祖神とする氏族たち

天津日子根命を祖神とする神別には、推古天皇（額田部皇女）の養育にあたった額田部氏や、天武天皇の頃の有力豪族・凡川内氏など有力氏族の名が連なっている。

地位 日の神／風の神など　**ご利益** 農業・漁業の守護など　**神社** 多度大社（三重県桑名市）

絵：藤川純一

活津日子根命 (いくつひこねのみこと)

農業を司り彦根の地を守護する

第三章 三貴子の物語 — 活津日子根命

- 登場
- 名高さ
- 霊力
- 慈愛

関連の深い神様

- 天照大御神 → P.060
- 天津日子根命 → P.081

明神として地上に降り地名の由来に

誓約の際に生まれた1柱だが、『日本書紀』では活津日子根命は勾玉からではなく、天照大御神の左手に巻かれた玉緒を噛み砕いた霧から誕生している。「活」は植物が芽吹く様子を、「日子」は太陽の子、「根」は地下や泥を表すといわれており、農業神と考えられている。その名から天津日子根命と対で扱われることもある。

活津日子根命は『日本書紀』では活津彦根命と記されており、活津彦根大明神として現在の滋賀県彦根山に降り立ったという。「彦根」の名は彼が由来になっているといわれている。

神様トリビア
織田信長も参拝？武将が通った神様

活津日子根命を祀る活津彦根神社は武将との所縁が深く、織田信長は安土城の築城前に、井伊直孝は大坂夏の陣前に参詣し加護を得たという。

- 地位 農業の神
- ご利益 開拓の神／振興の神
- 神社 活津彦根神社（滋賀県近江八幡市）

絵：藤川純一

自然

穀物を司り、清浄な火に関わる熊野の神

熊野久須毘命
(くまのくすびのみこと)

登場
名高さ
霊力
慈愛

関連の深い神様

天照大御神
→ P.060

建速須佐之男命
→ P.062

第三章　三貴子の物語　熊野久須毘命

複数の名をもつ穀物と火の神

誓約の際に最後に生まれた男神で、『日本書紀』では天照大御神の右手の玉緒を噛み砕いた霧から生まれたといわれている。「久須毘」は「奇し霊」または「奇し火」であるといわれている。『日本書紀』では櫲樟（ヒノキ）の字が当てられており、島根県熊野大社の別名である「日本火出初社」に関係がありそうだ。熊野久須毘命を祀る熊野大社は火の発祥の神社といわれ、切り出したヒノキから燧臼と燧杵を作り、これを発火器にして清浄な火を得たという逸話がある。この臼と杵は現在も神器として残っているという。

神様トリビア

『日本書紀』の中ではさまざまな名前で登場

『古事記』では熊野久須毘命と記されているが、『日本書紀』では多くの名で登場する。だがどれも「熊野」の名は共通しており、火や穀物に関する字が当てられている。

地位　熊野の神　　ご利益　家内安全／学業成就／五穀豊穣など　　神社　熊野大社（島根県松江市）

絵：中山けーしょー

岩戸隠れ

隠れてしまった天照大御神

天照大御神の天の岩戸隠れ

　天照大御神との誓約で、身の潔白を証明した建速須佐之男命は、高天原で田の畔を壊して溝を埋めたり、新穀を供えて祭祀を行う神殿に糞を撒き散らした。
　しかし、天照大御神は、「糞を撒き散らしたのは酒に酔ってのことでしょう。田の畔を壊し溝を埋めたのは土地をもったいないと思ってのことでしょう」とかばって、とがめることをしなかった。
　そのため、建速須佐之男命の悪行はとどまるところをしらず、天照大御神が神に奉げる衣を織らせていたとき、機屋の屋根に穴を開け、皮を剥いだ馬を落とし入れた。すると、これに驚いた天の服織女のひとりが、機織りの道具を陰部に刺して死んでしまった。
　さすがの天照大御神もこれには恐れをなして、天の岩戸を開けて中に隠れてしまう。そのため、高天原も葦原中国も闇に閉ざされ、悪神がはびこり、さまざまな災いが発生する世界になってしまった。

建速須佐之男命の乱暴狼藉に怒った天照大御神が、天の岩戸に隠れてしまったため世界は闇に閉ざされ、あらゆる災いが起きた。

建速須佐之男命の悪行

建速須佐之男命（P.062）

- 田の畔を壊して溝を埋める
- 祭祀を執り行う御殿に糞を撒き散らす
- 機屋の屋根に穴を開け皮を剥いだ馬を落とす

↓

驚いた天の服織女が死んでしまう

↓

天照大御神は怒り天の岩戸に引きこもる

天照大御神（P.060）

↓

高天原と葦原中国が暗闇に閉ざされる

思金神の作戦で世界に光が戻る

　八百万の神々は、思金神に解決策を考えさせることにした。

　作戦を考えた思金神は、まず常世長鳴鳥を集めて鳴かせ、次に天の安河の川上にある石と鉄を取り、鍛冶師の天津麻羅を探して製鉄させ、伊斯許理度売命に八咫鏡を作らせた。

　続いて、玉祖命に八尺瓊勾玉を作らせ、天児屋根命と布刀玉命に鹿の骨で占いをさせた。

　そして、布刀玉命が、天香山の賢木に八尺瓊勾玉、八咫鏡、白と青の布をかけたものを御幣として持ち、天児屋根命が祝詞を唱え、天手力男神が岩戸の脇に隠れて立った。

　天宇受売命が神憑りして胸をさらけ出し、衣装の紐を陰部までおし下げて踊って、神々の笑いを誘った。笑い声を不思議に思った天照大御神が天の岩戸を少し開け、「なぜ天宇受売命は楽しそうに舞い、みんな笑っているのか」と聞くので、天宇受売命が「貴方様より貴い神が表れたので、喜んでいるのです」と答え、天児屋根命と布刀玉命が鏡を差し出した。

　鏡に写る自分の姿をその貴い神だと思った天照大御神が、もっとよく見ようと岩戸をさらに開けると、隠れていた天手力男神がその手を取って引っ張り出した。こうして天照大御神が岩戸の外に出たので、世界は光を取り戻したのだった。

第二章　三貴子の物語　岩戸隠れ

岩戸隠れに登場する神々と役割

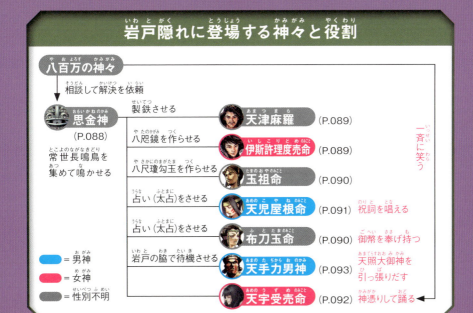

日本各地に残る天の岩戸の謎

　天照大御神の岩戸隠れのエピソードは、神々の住む高天原でのできごとなので、その場所も高天原のどこかと考えられる。

　しかし、この物語は神話のなかでも特に有名なこともあって、天の岩戸だと伝わる場所が、日本全国に存在する。

　代表的な場所を下で紹介しているが、パターンとしては天の岩戸の名が地名として残っている場所と神社として残っている場所がある。

　この理由は明確にはわからないが、有名な神話であるため。天の岩戸のイメージと一致する場所を「ここが天の岩戸だ」といい出したのが起源と考えられている。

　それが、やがて真実のように広まり、伝承として残ったのだろう。実際、天の岩戸と伝わる場所の多くに洞窟や巨岩があり、天の岩戸のイメージにピッタリだ。

　ただし、天の岩戸の伝承が残る場所のどこかが、本当に神話の舞台だった可能性はゼロではない。

　また、天の岩戸が飛んできたという伝承が残る、長野県の戸隠山のような場所もある。伝承によれば、天手力男神が投げた天の岩戸が飛んできて戸隠山になったという。そのため、戸隠山の戸隠神社の奥社には、天手力男神が祀られている。

日本各地にある天の岩戸の伝承地

- クマヤ洞窟（沖縄県伊平屋村）
- 元伊勢内宮・岩戸神社（京都府福知山市）
- 白鬚神社・岩戸（滋賀県高島市）
- 平野神社（滋賀県米原市）
- 天岩戸神社（奈良県橿原市）
- 岩戸神社（兵庫県洲本市）
- 手力雄神社（愛知県各務原市）
- 天の岩戸神社（徳島県つるぎ町）
- 恵利原の水穴（三重県志摩市）
- 伊勢神宮外宮・高倉山古墳（三重県伊勢市）
- 天岩戸神社（宮崎県高千穂町）
- 二見興玉神社・天の岩屋（三重県伊勢市）

五穀の起源となった大宜都比売神

八百万の神々は相談し、天照大御神が天の岩戸に隠れる原因になった建速須佐之男命に対して、罪を償うためのたくさんの品物を科し、髭と手足の爪を切って高天原から追放することに決めた。

海原に続いて高天原を追放されてしまった建速須佐之男命は、食物の神である大宜都比売神に食べ物を求めた。

大宜都比売神は、鼻や口、尻からさまざまな食材を取り出し、いろいろ料理をしてもてなそうとしたが、その様子を覗き見た建速須佐之男命は、食べ物を汚して差し出そうとしていると勘違いして、大宜都比売神を殺してしまう。

すると、死んでしまった大宜都比売神の頭から蚕、目から稲、耳から粟、鼻から小豆、陰部から麦、尻から大豆が生まれた。そして神産巣日神が、これらを取って五穀の種としたといわれている。

この物語は、食物起源神話と呼ばれるもので、『日本書紀』では、ほぼ同じ内容の保食神と月夜見尊（月読命）の物語として記されている。そのほか、稚産霊（和久産巣日神）を起源とする神話もある。

この「殺された神の死体から作物が生まれた」とする神話は、ハイヌウェレ型と呼ばれ、東南アジアを中心に広く見られる形式だ。

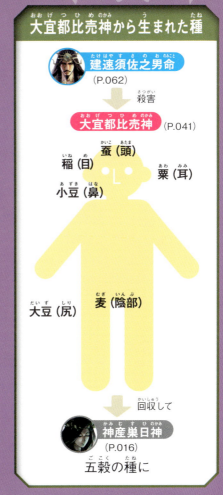

大宜都比売神から生まれた種

建速須佐之男命 (P.062)
↓ 殺害
大宜都比売神 (P.041)

蚕（頭）
稲（目）
粟（耳）
小豆（鼻）
麦（陰部）
大豆（尻）

↓ 回収して
神産巣日神 (P.016)
五穀の種に

第三章　三貴子の物語　岩戸隠れ

■日本の食物起源神話

出典	起源となる神	殺害する神	備考
古事記	大宜都比売神	建速須佐之男命	死体から五穀が生える
日本書紀	保食神	月夜見尊（月読命）	死体から五穀、牛馬、蚕
日本書紀	稚産霊（和久産巣日神）		頭から桑と蚕、ヘソから五穀

生活

卓越した知恵をもつ学問の神
思金神（おもいかねのかみ）

登場 ■■■■■
名高さ ⛩⛩⛩⛩⛩
霊力 🌀🌀🌀🌀🌀
慈愛 ♥♥♥♥♡

関連の深い神様

天照大御神 → P.060 ／ 玉祖命 → P.090

第三章 三貴子の物語

思金神（おもいかねのかみ）

日本神話において欠かすことのできない神である思金神は、高御産巣日神の子にあたる知の神だ。「思金」とは多くの考えを備え、さまざまな角度から物事を検証し、発想するという意味が込められている。

その名のとおり思金神は重要な場面で才を発揮している。岩戸隠れでは神々に的確な指示を出し、見事、天照大御神を呼び出す儀式を成功させた。大国主神の国譲りの際は交渉役を選出、邇邇芸命の天孫降臨に随伴、祭祀の取り扱いや神宮の政務といった重要な役割を任されている。

神話の転機でその手腕を振るう

神様トリビア
猿も木から落ちる？ 度重なる人選ミス

神話の各場面で活躍した思金神だが、国譲りの交渉役選びには2度失敗しており、3人目でようやく説得を成功させた。それだけ大国主神が大物だったと考えるべきだろうか。

地位 知恵の神／学問の神　ご利益 合格祈願／技術向上／出世開運　神社 思金神社（神奈川県横浜市）

絵：竜胆ヒマワリ

自然

天の金山から鉄を取った鍛冶の神
天津麻羅（あまつまら）

『古事記』の岩戸隠れの場面にて登場する神。思金神に鏡を作るための鉄を用意するよう命じられ、製鉄を行った鍛冶だと考えられている。名に「命」や「神」がつかないことから、神ではなく鍛冶集団を表すという説もある。

絵：佐藤仁彦

 鍛冶の神／フイゴの神　 ―　神社 立岩神社（徳島県徳島市）

工業

八咫鏡を作り上げた鋳物造りの神
伊斯許理度売命（いしこりどめのみこと）

三種の神器のひとつである「八咫鏡」を作り、天の岩戸から天照大御神を呼び出すことに貢献した工芸の神。この八咫鏡は、御神体として祀られる鏡の元祖となった。また、邇邇芸命の天孫降臨に随伴した五伴緒神のひとりである。

絵：佐藤仁彦

 鋳物の神／金属加工の神　 女性の守護／工業　 鏡作坐天照御魂神社（奈良県磯城郡）

第三章　三貴子の物語

天津麻羅／伊斯許理度売命

89

三種の神器のひとつ八尺瓊勾玉を製作

工業

玉祖命
（たまのおやのみこと）

思金神に命じられて「八尺瓊勾玉」を作った神。勾玉は鏡と同じく神の依り代と考えられており、玉祖命は天照大御神のために巨大な勾玉を作った。邇邇芸命に随伴して地上に下り、玉祖神社にて中国地方を治めたという。

登場 ■■■■□
名高さ ⛩⛩⛩⛩⛩
霊力 🌀🌀🌀🌀🌀
慈愛 ♥♥♡♡♡

絵：中山けーしょー

| 地位 | 玉造の神 | ご利益 | 宝石業、眼鏡業、レンズ業の守護 | 神社 | 玉祖神社（山口県防府市） |

天の岩戸前で儀式を執り仕切った祭祀の神

預言者・巫女

布刀玉命
（ふとだまのみこと）

岩戸隠れの際に鹿の骨などを用いた太占という占いを行い、儀式に必要な道具をそろえたという。天香具山から掘り出した榊に勾玉の緒や白木綿、麻の青布巾、そして八咫鏡を飾り太玉串を作ったという。五伴緒神のひとり。

登場 ■■■■□
名高さ ⛩⛩⛩⛩⛩
霊力 🌀🌀🌀🌀🌀
慈愛 ♥♥♥♥♡

絵：月岡ケル

| 地位 | 祭祀の神／ものつくりの神 | ご利益 | 事業繁栄／商売繁盛／学業成就 | 神社 | 安房神社（千葉県館山市） |

第三章 三貴子の物語

玉祖命／布刀玉命

生活

神々のための言葉である祝詞の生みの親
天児屋根命（あめのこやねのみこと）

- 登場：
- 名高さ：
- 霊力：
- 慈愛：

関連の深い神様

- 玉祖命 → P.090
- 邇邇芸命 → P.144

第三章 三貴子の物語

> 地上に降りた後も重要な役割を果たす

天児屋根命

天照大御神が天の岩戸に身を隠したとき、彼女に対する賛辞を唱え讃えた神で、もともと天照大御神から祭司を任されていた言霊の神だ。神を讃えて喜ばせた天児屋根命の言葉たちは、現在も神事で使われる祝詞のルーツとなっている。祝詞は「神を讃える言葉」のほかにも「神が発する命令の言葉」とする説もあり、双方向で神と人を繋ぐコミュニケーションツールであるといえるだろう。

天孫降臨で邇邇芸命とともに地上に降りた後も、神々を祀る儀式を執り行い、名を広める活動を行っていた。

神様トリビア｜神事の重要性を物語る子孫の活躍

天児屋根命を祖神として祀る中臣氏は、のちに藤原姓を与えられ政府の要職に就いている。中臣氏は宮廷の神事を取り仕切ることで勢力を広めていった有力氏族だった。

地位：言霊の神／祝詞の神
ご利益：産業繁栄／家内安全／子孫繁栄／交通安全／厄難消除
神社：牧岡神社（大阪府東大阪市）

絵：月岡ケル

第三章 三貴子の物語

文芸

芸事・夫婦仲を守護する女神
天宇受売命（あめのうずめのみこと）

- 登場
- 名高さ
- 霊力
- 慈愛

関連の深い神様

高御産巣日神 → P.015 ／ 猿田毘古神 → P.145

日本最古の踊り子といわれる天宇受売命のエピソードは強烈なものばかりだ。最も有名なのが岩戸隠れだろう。天の岩戸に籠ってしまった天照大御神を呼び戻すべく、天宇受売命は自身の乳房を露わにして踊り続けたという。最終的には陰部までさらけ出し、狂乱ともいえる舞いを見せた。これには集まったほかの神々も歓声を上げ、それを聞いた天照大御神はつい顔を覗かせてしまったという。

一般的な「舞い」とは一線を画す彼女の踊りは、一説には神をその身に下ろした巫女の様子を表しているといわれている。

神を出現させる力をもつ狂乱の踊り子

神様トリビア　オシドリ夫婦の度肝を抜く馴れ初め話

天宇受売命は天孫降臨の際にも、邇邇芸命を待ち受けていた怪しげな男に、威嚇のために妖艶な姿をさらしている。その男は猿田毘古命で、のちに彼女の夫となる神だ。

- 地位／芸能の神
- ご利益／芸事上達／夫婦和合／縁結び
- 神社／芸能神社（京都府京都市）

絵：磯部泰久

92

武芸

驚異的な力をもつ剛腕の神
天手力男神（あめのたぢからおのかみ）

- 登場：★★★★★
- 名高さ：★★★★★
- 霊力：★★★★☆
- 慈愛：★★☆☆☆

関連の深い神様

- 思金神 →P.088
- 天宇受売命 →P.092

　天宇受売命の舞いによって、ようやく天の岩戸から顔を出した天照大御神を外へと引っ張り出したのがこの天手力男神だ。『古事記』ではその手を引いたとあるが、『日本書紀』では戸を大きく開いたと記されている。どちらにせよ岩戸隠れの作戦の最後の一手を打った神であることには違いない。

　長野県の戸隠神社にはこんな逸話も残っている。天照大御神が姿を現した後、再び身を隠してしまわないようその岩戸を遠くへ投げ捨てたというのだ。大岩はグングン飛んでいき、現在の戸隠山になったという。

名前の意味は「手の力が強い男」

第三章　三貴子（みはしらのうずのみこ）の物語

天手力男神

神様トリビア　岩戸隠れの活躍によって神楽の演目に

その勇猛な姿から高い人気を誇り、全国的に神楽の題材として取り上げられている。特に宮崎県の高千穂神楽では、「戸取の舞」など彼を主役とする神楽が多くある。

- 地位：力の神／技芸の神
- ご利益：技芸上達／スポーツ向上／五穀豊穣
- 神社：戸隠神社（長野県長野市）

絵：中山けーしょー

神話コラム ③
鳥居

神様の世界と人間の世界をわける門

神社と鳥居はセットが基本

神社の入り口にある鳥居は、神社の地図記号にもなっており、神社を象徴する存在といってよいだろう。

鳥居は、単純に神社の入り口を示すだけではなく、人間の世界と神様の世界である神社の境内とを区切る重要な役割をもっている。そのため、鳥居がない神社は、埼玉県さいたま市の調神社や栃木県太田市の石原賀茂神社など数えるほどしかない。

鳥居の起源は、日本の冠木門説、インド寺院のトラナ説、中国の華表や牌楼説、朝鮮半島の紅箭門説など諸説あって、はっきりしたことはわかっていない。ただし、すでに弥生時代から鳥の木型を入り口に飾っており、現在の形になったのは、8世紀頃と推測されている。語源も同様で、「鶏居」「止まり木」「通り入る」「臣入る」など複数の説がある。

また、鳥居の形にはいろいろな種類があり、シンプルな形状の神明系と複雑な形状の明神系に大きくわけられる。

豪華な明神系の鳥居がある神社は、歴史や格式があるように思えるが、これは大きな間違い。どの形の鳥居を建てるかは自由なので、鳥居の形状と神社の歴史や格式は、まったく関係がないのだ。

神明系鳥居の形

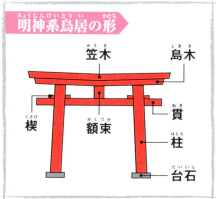

明神系鳥居の形

神明系 伊勢鳥居

伊勢神宮の鳥居が代表。柱は垂直で貫は飛び出さず、端が斜めに切られた五角形の笠木が乗っている。

神明系 鹿島鳥居

柱と笠木は丸く、四角い貫が柱から突き出ている鳥居。鹿島神宮の鳥居が代表で、千葉県、茨城県に多い。

神明系 靖国鳥居

柱と笠木が丸く貫が四角いのは鹿島鳥居と共通だが、貫が柱から突き出ない。靖国神社の鳥居が代表。

神明系 宗忠鳥居

宗忠神社の鳥居で、柱と笠木は丸く、四角い貫が柱から突き出て額束がつく。鹿島鳥居との違いは額束の有無。

神明系 黒木鳥居

柱、笠木、貫に樹皮がついたままの丸太が使われ、貫は柱から突き出さない。大嘗宮などに使われる。

神明系 白木鳥居

黒木鳥居と形は同じだが、樹皮を剥いだ白木で作られる。天皇の御陵に多く使われているため御陵鳥居とも。

明神系 明神鳥居

笠木と島木が反り、柱から突き出た貫と額束が特徴。笠木と根本が黒、他は朱色のものを稲荷鳥居と呼ぶ。

明神系 台輪鳥居

基本的な形は明神鳥居と同じだが、柱と島木の間に防腐効果があるという台輪が挟まれているのが違い。

神話コラム❸　鳥居

明神系 山王鳥居

明神鳥居の笠木の上に、三角形の装飾がつく。代表は日吉大社の鳥居で、日吉鳥居、破風鳥居とも呼ばれる。

明神系 春日鳥居

春日大社の鳥居の形で、基本は明神鳥居だが、笠木と島木に反りがなく、島木の端が垂直に切られている。

明神系 八幡鳥居

石清水八幡宮の鳥居の形で、春日鳥居とほぼ同じだが、笠木と島木の端が垂直ではなく斜めに切られている。

明神系 両部鳥居

明神鳥居の柱の前後に稚児柱と呼ばれる短い柱を付けたもの。厳島神社の鳥居が有名で、宮島鳥居とも。

明神系 三輪鳥居

明神鳥居の柱の外側に小さめの副鳥居をつけたもの。大神神社の鳥居が基本形のため三輪鳥居と呼ばれる。

明神系 住吉鳥居

基本的な形は明神鳥居だが、柱が四角いところが違う。代表するのが住吉大社の鳥居のため、住吉鳥居と呼ぶ。

その他 唐破風鳥居

基本は明神鳥居だが、笠木と島木の中央が唐破風状になった鳥居。滋賀県三上山付近に多く、三上鳥居とも。

第四章
出雲神話

高天原を追放された建速須佐之男命は、葦原中国に降って出雲国を建国する。その子孫である大国主神は、兄弟たちとの争いを制して出雲国を治め発展させるが、天照大御神から支配権を譲れと迫られる。

八俣遠路智退治

出雲国で暴れる怪物を退治

出雲国に降り立った建速須佐之男命は、八俣遠呂智の被害に悩む老夫婦に出会い、その娘を妻にすることを条件に退治を引き受ける。

老夫婦と出会い怪物退治を約束

　高天原を追放された建速須佐之男命は、出雲国の斐伊川の上流の鳥髪に降り立った。そのとき、川上から箸が流れてきたので、川をさかのぼっていった。

　すると、老夫婦が美しい娘を間にして座って泣いていた。そこで、名前を訪ねると、大山津見神の子の国津神で、夫は足名椎命、妻は手名椎命、娘の名は櫛名田比売だという。

　続けて、泣いている理由を聞くと、娘は8人いたが、八俣遠呂智が毎年来て娘を食べてしまい、最後の娘も食べられてしまう時期なので、泣いているということだった。八俣遠呂智について尋ねると、ひとつの体に8つの頭と8つの尻尾があり、8つの山と谷を渡るほど巨大な化け物だという。

　そこで建速須佐之男命は、自身が天照大御神の弟であることを伝え、娘を妻に娶ることを条件に八俣遠呂智退治を約束するのだった。

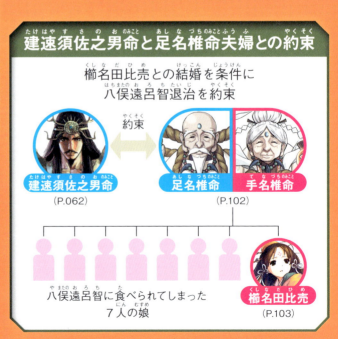

建速須佐之男命と足名椎命夫婦との約束

櫛名田比売との結婚を条件に八俣遠呂智退治を約束

建速須佐之男命（P.062） ↔ 約束 ↔ 足名椎命・手名椎命（P.102）

八俣遠呂智に食べられてしまった7人の娘／櫛名田比売（P.103）

酒で酔わせる作戦で退治に成功

　建速須佐之男命は、櫛名田比売を櫛に変えて自分の髪にさして隠した。
　そして、足名椎命と手名椎命には、何度も醸した八塩折之酒を作ることを命じる。さらに、周辺に垣根を巡らして、8つの門と桟敷を用意させ、その桟敷に八塩折之酒で満たした舟を置かせた。
　足名椎命と手名椎命が、言われたとおりに準備して待っていると、やがて八俣遠呂智がやってきて、8つの頭をそれぞれ別の門に突っ込み、船に満たされていた八塩折之酒を飲み干して、酔って寝てしまった。
　建速須佐之男命は、すかさず十拳剣を抜き、酔って寝ている八俣遠呂智をずたずたに斬って退治した。このとき、斐伊川は八俣遠呂智の血で真っ赤に染まったという。
　ひとつの尾を斬ったとき、十拳剣の刃が欠けたので不思議に思って刀の先で尾を裂いてみると、都牟刈大刀がでてきた。建速須佐之男命は、普通の太刀ではないと考え、これを天照大御神に献上した。これが草那芸之大刀である。
　この八俣遠呂智の物語だが、櫛名田比売を稲田の象徴と捉え、毎年、同じ時期に稲田を荒らす洪水の象徴とする説がある。つまり、八俣遠呂智退治とは、治水に成功したことの象徴と考えられるのだ。

第四章 出雲神話 八俣遠呂智退治

八俣遠呂智退治の建速須佐之男命の作戦

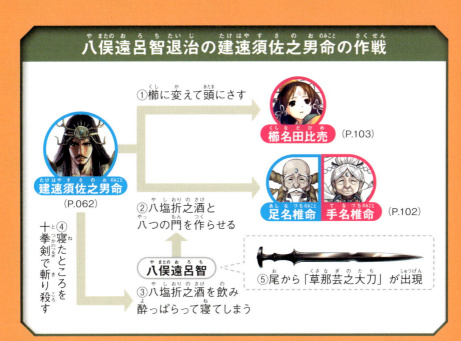

① 櫛に変えて頭にさす
建速須佐之男命（P.062）
櫛名田比売（P.103）
② 八塩折之酒と八つの門を作らせる
足名椎命　手名椎命（P.102）
八俣遠呂智
③ 八塩折之酒を飲み酔っぱらって寝てしまう
④ 寝たところを十拳剣で斬り殺す
⑤ 尾から「草那芸之大刀」が出現

日本で初めての和歌を詠む

　八俣遠呂智を退治した建速須佐之男命は、櫛名田比売を人間の姿に戻して妻に迎えた。

　そして、ふたりで暮らすための宮を造る地を出雲国で探し始めた。ある土地に着いたとき、「わたしはこの地に来て、心がとてもすがすがしい」といって、その地に宮を作って暮らすことに決めた。

　そのため、その場所を須賀と呼ぶようになったという。

　また、須賀の宮を作ったとき、その地から雲が立ち上った。それを見た建速須佐之男命は、「八雲立つ　出雲八重垣妻籠みに　八重垣作るその八重垣を（八雲が立つ　宮の周りに八重の垣を作るように　妻を籠もらせるために　八重の垣を作る　嗚呼その八重の垣よ）」と歌に詠んだ。これが日本で最初の和歌とされている。

　そして、足名椎命を呼んで、稲田宮主須賀之八耳神という名前を与え、宮の長に任命した。

第四章　出雲神話　八俣遠呂智退治

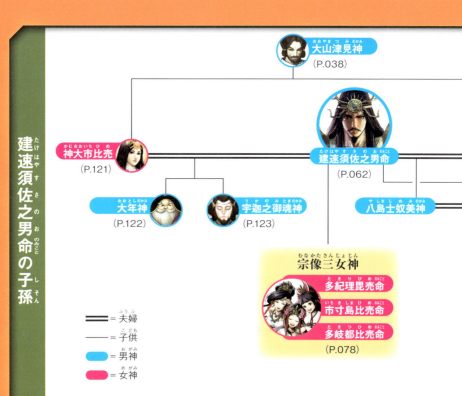

建速須佐之男命の子孫

大山津見神（P.038）
神大市比売（P.121）
建速須佐之男命（P.062）
大年神（P.122）
宇迦之御魂神（P.123）
八島士奴美神

宗像三女神
多紀理毘売命
市寸島比売命
多岐都比売命
（P.078）

═＝夫婦
─＝子供
■＝男神
■＝女神

100

大国主神へつながる建速須佐之男命の系譜

　『古事記』では、このあと建速須佐之男命の系譜について語られていく。原典ではすべて文章で説明されているが、非常にわかりにくいので、下に簡単な系図にまとめた。

　ほとんどが、この系譜にしか名前が出てこない神様だが、櫛名田比売との間に生まれた八島士奴美神の子孫で、6代目にあたる大国主神は別だ。

　この神様はこのあとに続く「出雲神話」の主人公となる神様で、大穴牟遅神とも呼ばれる。さらに、葦原色許男神、八千矛神、宇都志国玉神という別名もあり、合計5つの名をもっている珍しい神様でもある。

　また、建速須佐之男命が大山津見神の娘である神大市比売を妻として生んだ大年神と宇迦之御魂神は、どちらも神話には名前しか登場しない穀物神だが、古くから信仰されている神様だ。

　特に宇迦之御魂神は伏見稲荷大社の主祭神で、稲荷神（お稲荷さん）として広く信仰を集めている。

第四章　出雲神話

八俣遠呂智退治

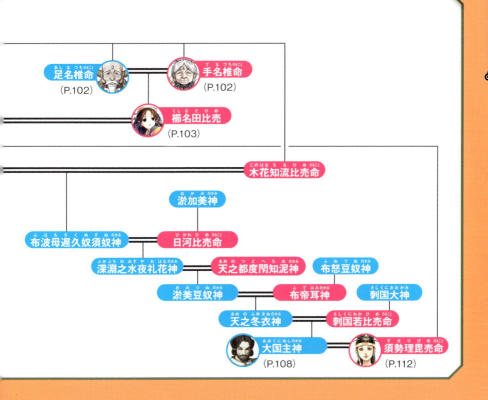

第四章 出雲神話

農業

8人の娘がいた稲の夫婦神
足名椎命（あしなづちのみこと）・手名椎命（てなづちのみこと）

八俣遠呂智に苦しめられた神

登場 ■■■■■
名高さ ⛩⛩⛩⛩⛩
霊力 ❋❋❋
慈愛 ♥♥♥♥♥

神様トリビア　従順すぎるのは神としての立場の違いのせい？
足名椎命と手名椎命は国津神（もともと地上にいた神）であると考えられ、そのために天照大御神の弟である建速須佐之男命に従わざるを得なかったという説もある。

関連の深い神様

建速須佐之男命 → P.062
櫛名田比売 → P.103

　八俣遠呂智神話に登場する稲の神で、8人の娘をもつ子だくさんの夫婦神だ。しかし毎年、八俣遠呂智にひとりずつ娘を食われており、残るは末娘である櫛名田比売のみとなってしまった。娘を全員食べられてしまうと泣き崩れていたところに通りかかったのが建速須佐之男命だ。彼は櫛名田比売を嫁にもらえるのなら八俣遠呂智を退治するというので、2神はそれを了承する。
　見事、八俣遠呂智を倒し、櫛名田比売と結婚した建速須佐之男命は須賀に宮殿を建てた。足名椎命はのちに宮殿に呼び寄せられ、そこの首長に任命されている。

地位 稲の神　ご利益 国家隆昌／五穀豊穣／商売繁盛　神社 足王神社（岡山県赤磐市）

絵：伊吹アスカ

農業

「素晴らしい稲田」の意をもつ稲田の神
櫛名田比売(くしなだひめ)

登場 ▫▫▫▫▫
名高さ ⛩⛩⛩⛩⛩
霊力 🌀🌀🌀🌀
慈愛 ♥♥♥♥♥

関連の深い神様

建速須佐之男命 →P.062

足名椎命・手名椎命 →P.102

第四章 出雲神話

櫛名田比売

建速須佐之男命の妻となった娘

　足名椎命・手名椎命の末娘で、容姿端麗な女神として知られている。彼女には7人の姉がいたが、毎年ひとりずつ八俣遠呂智に食われていた。今年はついに自分の番だと泣いていると、そこに現れたのが建速須佐之男命だった。建速須佐之男命は彼女を櫛の姿に変えると髪に差して隠し、八俣遠呂智退治に向かったという。

　命を救われた櫛名田比売は建速須佐之男命の妻となり、須田の宮殿でともに暮らすようになる。『日本書紀』によると、この2神の間に生まれたのがかの有名な国造りの神・大国主神だという。

神様トリビア ── 五穀豊穣を司るに相応しい名をもつ

「櫛」は「奇し(素晴らしい)」、「名田」は「稲田」を表し、つまり彼女の名は「素晴らしい稲田」という意味になり、稲作に豊穣をもたらす神として信仰されている。

地位 稲田の神　ご利益 五穀豊穣/縁結びなど　神社 氷川神社(埼玉県さいたま市)

絵:双羽純

大国主と八十神

嫌がらせを乗り越え出雲の支配者に

有名な因幡の白兎の物語

　大穴牟遅神（大国主神）には、八十神という兄弟たちがいた。八十神は稲羽の八上比売に求婚しようと、大穴牟遅神に旅の荷物を背負わせ、稲羽に向かった。

　八十神が気多の岬についたとき、毛をむしり取られた兎がふせっていた。八十神は「海水を浴びて、良く風のあたる高い山の上で寝ていると良い」と嘘を教えた。

　兎は八十神に教えられたとおりにしたが、海水が乾くにつれ、身の皮が風に吹かれて裂けてしまった。痛みに苦しんで泣いて伏せっていると、最後に来た大穴牟遅神がその理由を訪ねた。

　兎によれば、「淤岐嶋からこちらに渡るために、海の和邇に「仲間の数を競う」と騙して気多の岬まで並ばせて、その上を渡ってきたが、渡り切る直前に「騙されたのだよ」といってしまい、捕えられて毛皮を剥がされてしまった。そして、通りがかった八十神に教えられたとおりにすると、体が傷ついてしまった」のだという。

"和邇"はサメかワニか？

サメ説

山陰地方の方言で鮫をワニと呼ぶこと、国佐知毘古が訪れた海中の神殿に一尋和邇が登場することから、サメのことだとする説。

ワニ説

鰐は日本にはいないが、東南アジアなど他の地域が起源の神話が日本に伝わってきたもので、そのまま言葉が残ったと考える説。

　大国主神は、兄弟の八十神に虐げられていたが、根の国の建速須佐之男命を訪ねたことがきっかけで、出雲国の支配者となる。

毛皮を剥がれた兎を治療

兎の話を聞いた大穴牟遅神は、「今すぐ、そこの河口に行って真水でその身を洗い、その河口にある蒲の花粉を取って敷き散らし、その上を転び回れば、お前の身は元のように、必ず癒えるだろう」と教えた。

兎が大穴牟遅神に教えられたとおりにすると、その身は元のようになった。これが「稲羽の素兎」で、今は兎神といわれている。

その兎は、大穴牟遅神に向かって、「八十神は、八上比売を得ることはできないでしょう。袋を背負い従者のように扱われていますが、あなた様こそ八上比売を得られるお方です」といったと伝えられている。

この物語は、一般的には「因幡の白兎」として知られているが、八十神と八上比売の部分が抜け落ち、毛皮を剥がれて苦しむ兎を助ける部分だけが広まっている。

また、この物語で謎とされるのが兎の皮を剥いだ「和邇」の正体だ。これには、山陰地方の方言で鮫をワニと呼ぶことから鮫とする説、日本にはいない動物の鰐とし、鰐の住む南方地域の神話が伝わってきたとする説、海蛇とする説などがあって、結論は出ていない。

最後に、大国主神の別名について説明しておこう。『古事記』では、大国主神は全部で5つの名前があるが、主に使われるのは、若い頃の名前である大穴牟遅神と出雲国を治めてからの名前は大国主神だ。

その他の呼び方は、八千矛神は沼河比売との歌物語での呼び名、葦原色許男神と宇都志国玉神は、根の国で建速須佐之男命が呼んだ名で、これ以外には出てこない。そのほかの文献ではさらにほかの名前もあり、別名が非常に多い神様である。

第四章 出雲神話 大国主と八十神

■大国主神の別名

出典	別名	意味・備考
古事記	大穴牟遅神	偉大な尊い神。若い頃の名前
古事記	葦原色許男神	葦原国の強い男の神
古事記	八千矛神	矛は武力を象徴。強大な武神
古事記	宇都志国玉神	国玉は守り神のこと。地上の国の守り神
日本書紀	大物主命	偉大な物の主
日本書紀	大國魂大神	国魂は守り神のこと。偉大な守り神

殺されてしまった大穴牟遅神

兎の予言どおり、八上比売は八十神の求婚を断り、大穴牟遅神（大国主神）に嫁ぐことに決めた。

これを聞いた八十神は怒り、大穴牟遅神を殺すために、伯伎国の手間の山の麓に連れていった。

そこで、「この山にいる赤い猪を追い落とすので、ここで待って捕らえよ」と命じて、猪に似た大石を焼いて落した。大穴牟遅神は、言いつけどおりに捕らえようとしたが、石に焼かれて死んでしまった。

母親の刺国若比売命に助けを求められた神産巣日神は、蚶貝比売と蛤貝比売を遣わして、大穴牟遅神を生き返らせる。さらに、この2柱の治療によって火傷も治り、立派な男になって出歩けるようになった。

これを見た八十神は、再び大穴牟遅神を騙して山に連れて行き、大木の割れ目で挟み殺してしまった。

刺国若比売命は、泣きながら探しまわり、大木を見つけて救い出すと、すぐに治療して、紀伊国の大屋毘古神の御所に逃がした。

八十神は追いかけてきて、弓を構えて大穴牟遅神を渡すよう求めた。しかし大屋毘古神は、「建速須佐之男命のおられる根の堅州国に向いなさい。必ず大神がなんとかしてくださるでしょう」といって、木の股の間から大穴牟遅神を逃がすのだった。

第四章　出雲神話　大国主と八十神

大国主神と神々の関係①

須勢理毘売命と結婚

　大屋毘古神の助言に従い、大穴牟遅神は建速須佐之男命の御所を訪ねた。出てきた娘の須勢理毘売命と一目惚れして見つめ合い、その場で結婚した。

　須勢理毘売命は父親に、「とても立派な神が来られました」と伝えたが、建速須佐之男命はひと目見ると「これは葦原色許男神だ」といって、いきなり4つの試練を課す。

　しかし、大穴牟遅神は、妻の須勢理毘売命の助けを借りて、すべての試練を乗り越えることができた。

　建速須佐之男命が、油断して寝てしまったので、大穴牟遅神は髪を柱に結び、大きな石を部屋の戸に置いてふさぎ、妻の須勢理毘売命を背負って、太刀と弓矢と天沼琴を盗んで逃げだした。ところが、天沼琴が樹に触れて大地が揺れ動いたため、建速須佐之男命は目を覚ましてしまった。

　しかし、建速須佐之男命が垂木に結んであった髪をほどいている間に、遠く逃げることができた。

　建速須佐之男命は、黄泉比良坂まで追ってきたが、「その太刀と弓矢で八十神を追い払って大国主神となり、娘の須勢理毘売命を正妻として、宇迦能山の麓に宮殿を建てて国を治めろ」といって引き返していった。

　大国主神は言葉どおりに八十神を追い払い、国造りにとりかかった。

第四章　出雲神話　大国主と八十神

須佐之男命が大国主神に与えた4つの試練

試練❶	蛇がたくさんいる部屋で寝かせる	→ 須勢理毘売命にもらった蛇の比礼※を3度振ると蛇がおとなしくなる
試練❷	ムカデと蜂がたくさんいる部屋で寝かせる	→ 須勢理毘売命にもらったムカデと蜂の比礼で助かる
試練❸	野原に射た鳴鏑※を取りに行かせ周囲に火を放つ	→ 鼠の助言で穴に隠れ火をやり過ごし、鼠が持って来てくれた鳴鏑を持ち帰る
試練❹	頭のムカデをノミだと言って取らせる	→ 須勢理毘売命にもらった椋の実を噛み砕き、赤土を吐き出してごまかす

※比礼：女性が首に掛けるスカーフのような呪布。／※鳴鏑：射ると大きな音が鳴る矢。

圧倒的な知名度を誇る国造りの神
大国主神（おおくにぬしのかみ）

第四章 出雲神話

大国主神

- 登場 ★★★★★
- 名高さ ★★★★★
- 霊力 ★★★★★
- 慈愛 ★★★★★

関連の深い神様

八十神 → P.109

少名毘古那神 → P.118

大国主神は日本神話のさまざまな物語に登場する建国の神で、その知名度と人気は神様の中でもトップクラス。この神様は複数の名前をもち、神話中ではその名前ごとに異なる霊威を披露した。その中でも代表的なのが、因幡の白兎で見せる病気の治療だろう。大国主神はケガを負った白兎に対して、「真水で傷口を清め、蒲の花粉の上で体を休めなさい」と、適切な治療法を授けたそうだ。また、『日本書紀』には、神とともに全国をまわって医療の普及に勤しんだとあり、日本各地で医療の神として祀られている。

人気・実力ともにトップクラス

神様トリビア
6人の女性と結婚して多くの子供を授かる

大国主神は女性からモテたそうで、妻が6人もいた。子宝にも恵まれ、180以上の子供を授かったという。そのため、出雲大社では縁結びの神様として祀られている。

- 地位：建国の神／農業の神／医療の神
- ご利益：縁結び／夫婦和合／五穀豊穣／病気平癒
- 神社：出雲大社（島根県出雲市）

絵：池田正輝

出雲国で暮らす大国主神の兄弟

八十神

- 登場
- 名高さ
- 霊力
- 慈愛

関連の深い神様

- 建速須佐之男命 → P.062
- 大国主神 → P.108

第四章 出雲神話

八十神

恋敵である大国主神を迫害

八十神は特定の神様ではなく、大国主神の兄にあたる神様たちのこと。そのなかには嫉妬深く粗暴な性格の者もおり、大国主神は命を奪われたこともある。ある日、因幡の国に八上比売という美しい姫がいると聞いた八十神は、結婚を申し込みに行く。しかし、姫は大国主神と結婚するつもりだったため、その申し出を断ってしまう。これに腹を立てた八十神は、大国主神を騙してその命を奪ったのだ。その後、大国主神は蘇るが、それを知った八十神は再び大国主神を殺害している。なんともひどい神様だといえよう。

神様トリビア — 大国主神の手で出雲国から追い出される

大国主神の命を二度も奪った八十神。危険で恐ろしい神だが、のちに建速須佐之男命のもとで力をつけた大国主神にこらしめられ、出雲国から追い出されたという。

- 地位
- ご利益
- 神社

絵：佐藤仁彦

大国主神を救った医薬を司る女神
蚶貝比売(きさがいひめ)・蛤貝比売(うむぎひめ)

第四章 出雲神話 — 蚶貝比売・蛤貝比売

- 登場：★★☆☆☆
- 名高さ：★★★☆☆
- 霊力：★★★★☆
- 慈愛：★★★★★

関連の深い神様
- 神産巣日神 → P.016
- 大国主神 → P.108

　蚶貝比売と蛤貝比売は、日本神話の因幡の白兎に登場する、医薬を司る女神。八十神に猪に見立てた燃える岩をぶつけられ、命を落とした大国主神。これを知った大国主神の母である刺国若比売命は、神産巣日神に助けを求めた。ここで登場するのが、蚶貝比売と蛤貝比売の2柱の女神だ。神産巣日神が2神に大国主神を蘇らせるように命じると、蚶貝比売はすぐに貝殻を拾い集め、それを粉末状にした。続けて蛤貝比売が粉を水で溶いて練り、薬を作ったのである。薬を塗ると大国主神の火傷は治り、蘇ったという。

貝殻で薬を作り傷ついた神を治療

神様トリビア
蚶貝比売・蛤貝比売は赤貝と蛤がモチーフの神様

貝から薬を作り、大国主神を助けた蚶貝比売と蛤貝比売。この2神は、貝をモチーフにした神様で、蚶貝比売は赤貝、蛤貝比売は蛤が神の形を成したものとされている。

- 地位：医薬の神
- ご利益：病気平癒
- 神社：岐佐神社（静岡県浜松市）

絵：池田正輝

自然

因幡の白兎に登場する樹木の神
大屋毘古神（おおやびこのかみ）

登場 ◼︎◼︎◼︎◼︎◻︎
名高さ ⛩⛩⛩⛩⛩
霊力 𖤐𖤐𖤐𖤐𖤐
慈愛 ♥♥♥♥♥

関連の深い神様

伊邪那岐神
→P.022

伊邪那美神
→P.023

第四章　出雲神話

大国主神の逃走に一役買う

大屋毘古神

　大屋毘古神は樹木を司る神様で、伊邪那岐神と伊邪那美神の間に生まれた6番目の子供。この神様は、因幡の白兎の神話にて、大国主神を助ける役回りを演じている。八十神の手により命を落とした大国主神は、刺国若比売命らの力で蘇ることに成功。しかし、このままでは再び命を狙われると考え、大屋毘古神のもとへ向かう。このとき、大国主神に八十神の追手が迫っていたが、大屋毘古神が逃走を手伝ってくれたため、大国主神は無事に建速須佐之男命がいる根の国まで逃げることに成功したそうだ。

神様トリビア
大屋毘古神の正体は樹木の神・五十猛神？

　大屋毘古神は五十猛神と同一神という説もある。この神様は、各地に木の種を植えていき、日本を樹木で豊かにした。現在は木材の祖神として全国で祀られている。

地位　木の種の神／木材の氏神　　ご利益　植林／樹林　　神社　伊太祁曽神社（和歌山県和歌山市）

絵：竜胆ヒマワリ

強力な呪力を秘めた大国主神の本妻
須勢理毘売命

第四章 出雲神話 — 須勢理毘売命

登場 ■■■□□
名高さ ■■■■□
霊力 ■■■■□
慈愛 ♥♥♥□□

関連の深い神様

建速須佐之男命 → P.062
大国主神 → P.108

呪力を込めた道具で夫をサポート

大国主神には6人の妻がおり、その中で本妻とされるのが須勢理毘売命だ。この神様は、非常に嫉妬深いことで知られている。例えば、大国主神の妻となった八上比売は、因幡国から大国主神が住む出雲に迎え入れらた。しかし、須勢理毘売命の嫉妬深さと強情な振る舞いを恐れ、子供を残して因幡国に帰ってしまったそうだ。一方で、呪力をもった特別な道具をプレゼントするなど、大国主神にとっては心優しい良妻でもあった。須勢理毘売命の助けもあり、大国主神は建速須佐之男命から与えられた試練を乗り越えたのだ。

神様トリビア
気性の荒さは名前にも現れている

須勢理毘売命の「すせり」は、激しく荒れ狂う様子を表す「荒」と、進むことを表す「すす」を意味する。気性が荒く、猪突猛進な性格の神様だったのだろう。

地位 縁結びの神　ご利益 語学・技芸の上達／財運向上　神社 國魂神社（福島県いわき市）

絵：月岡ケル

八上比売が生んだ大国主神の長男
木俣神（きのまたのかみ）

- 登場
- 名高さ
- 霊力
- 慈愛

関連の深い神様

大国主神 → P.108

須勢理毘売命 → P.112

第四章　出雲神話

木俣神

木俣神は大国主神と八上比売の子供で、その名前は母親である八上比売のエピソードに由来する。大国主神と結婚し、八上比売は出雲国に迎え入れられるが、そこには大国主神の正妻である須勢理毘売命もいた。須勢理毘売命といえば、嫉妬深く苛烈な性格で有名な女神だ。夫に対しては優しかったが、側室にあたるほかの女神に対しては、強情な振る舞いが目立った。これに耐えかねた八上比売は子供を木の俣に刺し挟んで、実家に帰ってしまったという。この話をもとに、子供は木俣神と名づけられたのである。

母のとった行動が自身の名前に

神様トリビア
木俣神は温泉の中で生まれたという伝承も

日本三大美人の湯のひとつである「湯の川温泉」には、八上比売にまつわる伝承が残っている。その中で八上比売は子を授かっているが、これが木俣神だという。

地位 木の神／水神／安産の神　**ご利益** 安産子宝／病気平癒／家内安全　**神社** 御井神社（島根県出雲市）

絵：ナチコ

大国主の国造り

国造りを補佐する強力な神様が出現

突然現れた国造りの協力者

　大国主神が出雲の御大の御前にいたとき、蛾の皮を丸ごと剥いで衣服にし、波間から天之羅摩船に乗ってやってくる神様がいた。羅摩とは、実を割ると船の形をしているガガイモのことだ。

　大国主神は、その神様に名前を聞いたが答えてくれず、また連れていた神々に聞いても誰も知らなかった。

　すると、そこに多邇具久が現れて「久延毘古なら必ず知っているでしょう」というので、すぐに久延毘古を呼んで尋ねると、「彼は神産巣日神の子供で、少名毘古那神でしょう」と答えた。

　神産巣日神にこのことを伝えると。「これは確かに、私の手の指の間から漏れ落ちてしまった私の子である」と認め、少名毘古那神に「大国主神の兄弟となって、国を造りなさい」と命じるのだった。

　こうして、大国主神と少名毘古那神の2柱は協力して、国造り進めていくことになるのである。

大国主神は、海の彼方からやってきた少名毘古那神と協力して国造りを進めるが、相棒はある日突然、常世の国へと去ってしまった。

ヒキガエルの神様・多邇具久

　多邇具久は、神も命もつかないが、神様と考えられている。本来はヒキガエルの古い呼び方で、「谷蟆」「谷蟇」と書く。多邇具久という名前は、「谷潜り」が語源という説と、「ククク」は鳴き声からきたとする説がある。ヒキガエルは地上のあらゆる場所に住んでいるため、国土の隅々まで知り尽くしていると考えられており、知識が豊富な存在として登場する。

突然去ってしまった少名毘古那神

　大国主神と国造りを進めた少名毘古那神は、ある日突然、常世の国に渡ってしまった。

　大国主神は悲しんで「私ひとりでどうして国を造ることができるだろうか。私と一緒にこの国を造る神様はいないか」といった。

　すると、このとき、海を照らしてやってくる神様がいた。その神は、「私の御魂をしっかりと祀るのなら、私が協力してこの国を造っていきましょう。もし、そうしなければ国はうまくいかないでしょう」といった。

　そこで大国主神は、「それならば、どのように御魂を治め、祀ればよいのでしょうか」と尋ねると、この神様は「私を大和国を青々とした垣根のように取り囲む山々の東の山の上に祀りなさい」と答えた。

　『古事記』では、この神様の名前は記されておらず、「御諸山の上に坐す神」と記されている。「御諸山」とは、奈良県の三輪山のことで、その山上に祀られているのは大物主である。そのため、ここで現れた神様は、大物主と考えられている。

　さて、具体的な事績が語られないまま、ここで大国主神の国造りの物語は終わり、続いて大年神の系譜へと進む。

　そして、物語は葦原中国の覇権争いへと進んでいく。

第四章　出雲神話　大国主の国造り

歌を詠んで求婚した大国主神

『古事記』では、大国主神の根の国訪問と国造りの間に、妻との物語と大国主神の系図について記されている。これらは神話の本筋ではないため飛ばしているので、ここでまとめて紹介しておこう。

まず、八上比売とは約束どおり結婚したが、正妻として須勢理毘売命を迎えたため、これを恐れて、産んだ子を木の又に刺し挟んで稲羽国に帰ってしまった。この子は木俣神、または御井神という。この神様は、木の神、水神、安産の神として信仰されている。

次に、八千矛神（大国主神）が高志国の沼河比売を娶ろうとして、求婚の歌を詠む物語が綴られる。沼河比売は応じる歌を返し、翌日の夜に2柱は結婚したとされている。

ところが、これに正妻の須勢理毘売命がとても嫉妬したので、大国主神は当惑して、愛しい妻への想いを歌にして詠む。

すると、須勢理毘売命は大きな酒坏を手にとって、捧げながら歌を返し、すぐに杯を交わして契を固めた。そして、互いに首に手を掛けあって、今に至るまで鎮座しているという。

第四章　出雲神話　大国主の国造り

大国主神の子孫（一部）

- 八上比売 — 木俣神 (P.113)
- 沼河比売 — ※1 — 建御名方神 (P.133)
- 大国主神 (P.108)
- 事代主神 (P.132)
- 神屋楯比売命
- 八島牟遅能神 — 鳥耳神
- 鳥鳴海神 — 日名照額田毘道男伊許知邇神

凡例：
- ═ ＝夫婦
- ─ ＝子供
- 青 ＝男神
- ピンク ＝女神
- グレー ＝性別不明

※1　神話に記述はないが、大国主神と沼河比売の子という伝承が各地に残されている。

建速須佐之男命の直系子孫十七世神

『古事記』では、沼河比売と須勢理毘売命の物語のあと、大国主神の系譜について記されている。それをもとに系譜を簡単に解説していこう。

まず、大国主神には、正妻の須勢理毘売命以外に5柱の妻がいるが、須勢理毘売命との間には子がおらず、同じく沼河比売との間にも子がいない。

ただし、『古事記』には記されていないが、建御名方神は沼河比売との間にできた子という伝承が各地に残されており、沼河比売の子とする説もある。

この建御名方神と神屋楯比売命の子、事代主神が、続く国譲りの物語で重要な役割を果たすことになる。

そして、鳥耳神との子、鳥鳴海神から9代目の遠津山岬帯神までが直系となる。

大国主神も、建速須佐之男命の子、八島士奴美神から数えて5代目の子孫にあたるので、八島士奴美神から遠津山岬帯神までが直系ということになる。そのため、これを「十七世神」と呼んでいる。ただし、数えてみるとわかるが、実際は17代ではなく15代である。

第四章 出雲神話 ── 大国主の国造り

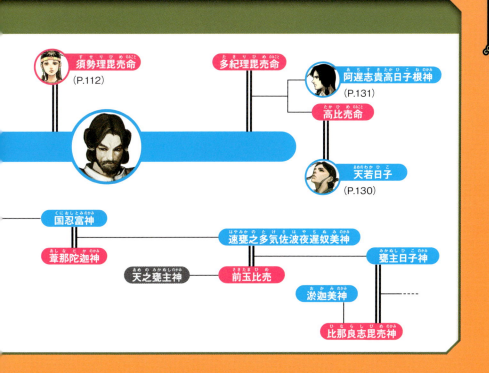

農業

国造りで活躍した小さな神様
少名毘古那神（すくなびこなのかみ）

第四章 出雲神話 — 少名毘古那神

- 登場
- 名高さ
- 霊力
- 慈愛

関連の深い神様

神産巣日神 → P.016 ／ 大国主神 → P.108

医療・医薬の神様としても有名

少名毘古那神は大国主神とともに国造りを行った神様。小人でありながら、さまざまな場面で力を発揮し、国造りという大仕事を見事にこなしている。また、温泉を病気の治療に活用するなど、医療の神様としても活躍。『伊予国風土記』によれば、大国主神が病で倒れた際、少名毘古那神は大分県にある速見の湯を運び、大国主神を入浴させて病気を治療したという。これは日本初の温泉治療とされる。全国各地には少名毘古那神が開いたという温泉も数多く存在し、この神様を温泉の神として祀る神社も少なくない。

神様トリビア：少名毘古那神は一寸法師のルーツ

大国主神の右腕として、国造りで大いに活躍した少名毘古那神。小さな体でとてつもない力を発揮することから、日本童話の「一寸法師」のルーツとも考えられている。

地位 酒造の神／医薬の神／温泉の神
ご利益 国土平安／産業隆昌／航海守護／病難平癒／縁結び
神社 少彦名神社（大阪府大阪市）

絵：日田慶治

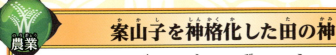

農業

案山子を神格化した田の神
久延毘古(くえびこ)

登場
名高さ
霊力
慈愛

関連の深い神様

大国主神
→P.108

少名毘古那神
→P.118

第四章 出雲神話

久延毘古

久延毘古は田や畑で見られる案山子を神格化したとされる神様。一般的には田や農業、土地の神として祀られているが、知識が豊富なことから、学業や知恵の神としての側面ももっている。『古事記』に記されている大国主神と少名毘古那神の出会いのエピソードでは、久延毘古の博識ぶりが見られる。ある日、大国主神のもとに、見たこともない小さな体の神様が船に乗ってやって来た。大国主神はその神様の正体がわからなかったため、物知りな久延毘古に聞いてみることに。すると、その正体が少名毘古那神だと見事に言い当てたそうだ。

知識豊富な知恵の神でもある

神様トリビア 久延毘古が物知りなのは案山子だったからこそ

久延毘古が博識だった理由は諸説ある。田んぼの中でじっとしながら世間を観察していたという説。あるいは田んぼに飛んで来る鳥から情報を得ていたという説だ。

地位 田の神／学業の神など ご利益 収穫／進学など 神社 久氐比古神社（石川県鹿島郡）

絵：竜胆ヒマワリ

第四章 出雲神話

大物主

農業
国造りの窮地を救った救世主
大物主（おおものぬし）

- 登場：★★★★★
- 名高さ：★★★★☆
- 霊力：★★★★☆
- 慈愛：★★★★☆

関連の深い神様
- 大国主神 →P.108
- 少名毘古那神 →P.118

奈良県の大神神社に祭神として祀られている大物主。日本神話にも頻繁に登場し、大国主神の国造りではその窮地を救っている。少名毘古那神と国造りを進めていた大国主神だったが、あるとき少名毘古那神が海の彼方にある常世の国に帰ってしまう。頼れる仲間を失い、大国主神は途方に暮れた。そのとき、海の向こうから光をまとった神様が出現。これが大物主である。大物主は「私の御霊を治めるならば、国造りに協力しよう」と提案。大国主神は三輪山に大物主を祀り、2神で国造りを進め、見事成し遂げたのだ。

大国主神の国造りに尽力する

神様トリビア　下界を騒がせるはた迷惑な一面も

自身が疫病を流行らせたにも関わらず、それを治めたいならば私を祀れと崇神天皇を恐喝した。良い神様に見えるが、大物主はこのような困った性格の神であった。

- 地位：国造りの神／農業の神／商業の神／医療の神
- ご利益：産業開発／方除／治病／交通安全／縁結び
- 神社：大神神社（奈良県桜井市）

絵：磯部泰久

商業

商いの場である市場を守護する女神
神大市比売（かむおおいちひめ）

- 登場 ■■■□□
- 名高さ ⛩⛩⛩□□
- 霊力 🌀🌀🌀□□
- 慈愛 ❤❤❤❤□

関連の深い神様

大山津見神 →P.038
建速須佐之男命 →P.062

五穀の神から市場の神に神格が変化

第四章 出雲神話

神大市比売

「神々しいほどに立派な市」という意味の名をもつ神が、神大市比売だ。この神様は、山の神である大山津見神の子で、建速須佐之男命と結婚し、宇迦之御魂神や大年神を生んだ。名前からもわかるとおり、市場の神様であるが、本来は山や穀物に関わる神だったと考えられている。市場は山や森、人里で採れる食べ物などを物々交換する場所であった。そこで、もともと山や穀物に馴染みが深い神大市比売が市場に関わり、市場が商業の場として発展していくにつれ、神格が市場の神に変わっていったのだろう。

神様トリビア　女神だけを祀った全国でも珍しい神社

神大市比売が祀られている市比賣神社。御祭神すべてが女神という、全国でも珍しい女人厄除けの神社で、女人守護や子宝・安産祈願などのご利益があるという。

地位　市場の神／五穀の神　ご利益　商売繁盛／開運招福

神社　市比賣神社（京都府京都市）

絵：藤川純一

第四章 出雲神話

大年神(おおとしのかみ)

稲を実らせる穀物の神
大年神

農業

- 登場
- 名高さ
- 霊力
- 慈愛

関連の深い神様：

建速須佐之男命 → P.062
宇迦之御魂神 → P.123

歳神さまとして全国で信仰される

　大年神は建速須佐之男命と神大市比売の間に生まれた穀物の神で、宇迦之御魂神の兄にあたる。大年神の「年」には「穀物」という意味があり、その名前は「稲が立派に実るように」ということを表しているそうだ。正月に各家にやって来る稲作の神を「歳神」と呼ぶが、これは大年神と同一視されている。また、新年を迎えたときの伝統的な風習として、松飾りや供え餅があるが、これらの風習の原点も歳神信仰だという。

　ちなみに、この神様は地域によっては「歳徳神」や「恵方神」とも呼ばれている。

神様トリビア
国造りで苦労していた大国主神に力を貸す

　大年神は大国主神が国を統治するのを手伝ったという説もある。大国主神がひとりで国を治めるのは大変だと考えていたところ、大年神が現れ手を貸してくれたという。

地位：農業の神／穀物の神　ご利益：五穀豊穣／家内安全／諸産業隆昌　神社：下谷神社（東京都台東区）

絵：竜胆ヒマワリ

農業

お稲荷さんでお馴染みの五穀豊穣の神
宇迦之御魂神（うかのみたまのかみ）

登場 ■■■■□
名高さ ⛩⛩⛩⛩⛩
霊力 🌀🌀🌀🌀□
慈愛 ♥♥♥□□

関連の深い神様

大年神 →P.122

保食神 →P.194

全国各地で信仰を集める人気者

第四章 出雲神話 ─ 宇迦之御魂神

建速須佐之男命と神大市比売の子供である宇迦之御魂神は、五穀豊穣を司る農業の神様。別名は「お稲荷さん（稲荷神）」で、こちらの名前なら聞いたことがあるという人も多いだろう。稲荷神は稲荷神社の総本社である伏見稲荷大社をはじめ、全国４万以上の神社で祭神として祀られている。非常に人気・知名度が高い神様なのだ。また、お稲荷さんと聞いてキツネを連想する人も多いが、お稲荷さんは稲荷神、つまり宇迦之御魂神のことで、キツネは宇迦之御魂神に付き従うお供（神使）を指しているものである。

> **神様トリビア**
> **神使であるキツネが稲荷神の仕事を代行**
> キツネは稲荷神の神使だが、伏見稲荷大社では「命婦神」と呼び、神様として扱っている。なにかと忙しい稲荷神に代わり、神の仕事を代行することもあったという。

地位　穀霊の神／商工業の神　ご利益　五穀豊穣／産業興隆／商売繁盛／家内安全／芸能上達　神社　伏見稲荷大社（京都府京都市）

絵：池田正輝前

生活に欠かせないかまどと火の守護者
奥津日子神・奥津比売神

第四章 出雲神話

奥津日子神・奥津比売神

登場 ★★★★★
名高さ ★★★★★
霊力 ★★★★★
慈愛 ★★★★★

関連の深い神様

火之迦具土神
→P.042

大年神
→P.122

熾火の保持・防火を担った神様

『古事記』に登場するかまどの神様、奥津日子神と奥津比売神。それぞれの名前に含まれている「奥」という字は、「熾火（赤く熱した炭火）」の「熾」のこと。現代と違い、昔は簡単に火を起こせる道具が存在しなかったので、かまどなどで熾火を絶やさないようにすることが重要だった。また、かまどは人間が生きるうえで欠かせない食事を作る場所であり、神聖視されていた。それを守護する2神は、家の守り神といっても過言ではないだろう。なんにせよ生活に密接していただけに、庶民にとって身近な神様だったことは間違いない。

神様トリビア
神仏習合によって荒神様と呼ばれるように

かまどの神は、のちに仏・法・僧の三宝を守る三面六臂の三宝荒神と神仏習合した。そのため、地域によっては、かまどの守護神のことを「荒神様」と呼んでいる。

地位 かまどの神／火の神
ご利益 火伏せ／除災
神社 神谷神社（香川県坂出市）

絵：池田正輝

商業

山王信仰の原点となる穀物の神
大山咋神（おおやまくいのかみ）

第四章　出雲神話

合祀されることで酒造の神に

登場　★★★★☆
名高さ　★★★★☆
霊力　★★★☆☆
慈愛　★★★☆☆

関連の深い神様

- 玉依毘売命 →P.160
- 賀茂別雷命 →P.190

大山咋神

大山咋神は穀物の神で、大年神の子供。名前の「咋」は、地面に打ち込む「杭」を指しており、山に杭を打って、そこが自身の所有地だと明言したということを意味する。本来、大山咋神は地元民の信仰を集める山神に過ぎなかったが、天台宗と結びついて、山王信仰の原点となり、広く信仰を集めるようになった。また、京都府の松尾大社では、酒造の神として崇められている。松尾大社の近くにある広隆寺に祀られていた大酒神社の酒造の神が合祀されたため、大山咋神も酒造の神として信仰されるようになったのだろう。

神様トリビア
人が住める地を生んだ国土開発の神でもある

丹波国（現在の京都府）には、かつて丹波国は湖に沈んでいたが、大山咋神が湖を切り開いたことで、水が干上がり人が住めるようになったという伝承が残っている。

地位　比叡山の地主神／天台宗の護法神／諸産業振興の神　ご利益　諸産業繁栄／家系繁栄　神社　日吉大社東本宮（滋賀県大津市）

絵：中山けーしょー

葦原中国平定

大国主神と高天原の神々との争い

葦原中国は自分の子が治めるべき国だと考えた天照大御神は、大国主神に使者を遣わして支配権を譲るように迫った。

国の支配権を求める使者の派遣

天照大御神は、「葦原中国は、私の子、正勝吾勝勝速天之忍穂耳命が治めるべきである」といって、天之忍穂耳命を天降らせようとした。しかし、天之忍穂耳命は天の浮橋から葦原中国を見て「ひどく騒がしい」といって、降らずに高天原に戻って天照大御神に報告した。

そこで、高御産巣日神と天照大御神は、天の安河の河原に八百万の神々を集め、思金神にいろいろと考えさせようと「この葦原中国は、私の御子が治めるべき国である。しかし、この国には凶暴で荒々しい国津神がたくさんいるようだ。どの神を遣わして説得するのがよいだろうか」と尋ねた。

思金神と八百万の神々は議論して、「天之菩卑能命を遣わすべきでしょう」と答えた。そこで、天照大御神は大国主神のもとに天菩比能命を遣わしたが、大国主神に心服して家来になってしまい、3年間待ってもなんの報告もしてこなかった。

国を譲ることを促す使者の派遣

高御産巣日神
（P.015）

天照大御神
（P.060）

① 葦原中国への天降りを命令

天之忍穂耳命
（P.079）

② 天の浮橋から葦原中国の様子を見て引き返す

③ 八百万の神々を集め相談

八百万の神々　**思金神**
（P.088）

④ 相談して推薦

天之菩卑能命
（P.080）

⑤ 高御産巣日神と天照大御神の命令で派遣されるが大国主神に心服し家来になってしまう

8年待っても戻らない天若日子

　天之菩卑能命が長いこと報告に戻ってこないので、高御産巣日神と天照大御神は、再び誰を派遣すべきかを尋ねた。すると、思金神が天若日子を遣わすべきだと推薦する。

　そこで、天若日子に弓矢を授けて遣わしたが、天若日子は、大国主神の娘の下照比売命と結婚して、8年たっても報告してこなかった。

　そこで神々は、雉の鳴女に「なぜ報告に戻らないのか」と、理由を問いただす伝言を託して遣わした。鳴女は、天若日子の家に降って伝えたが、天佐具売にそそのかされた天若日子に矢で射殺されてしまう。

　この矢は鳴女を貫通し、高御産巣日神と天照大御神のところまで届いた。高御産巣日神は、天若日子に授けた矢に血がついていることを神々に示し、「これが悪神を射た矢なら天若日子に当たるな。もし邪心があるのなら災いを受けよ」といって投げた。すると、矢が胸に当たって天若日子は死んでしまった。

　天から天若日子の両親が降ってきて、喪屋を作り弔った。友人の阿遅志貴高日子根神も弔いに訪れたが、天若日子そっくりだったため、死人に間違われてしまう。これに激怒した阿遅志貴高日子根神は、喪屋を切り倒して蹴飛ばした。するとこの喪屋は美濃国の喪山になったという。

第四章　出雲神話　葦原中国平定

天若日子の派遣と裏切り

最強の呼び声高い建御雷之男神の派遣

　天若日子が死んでしまったので、天照大御神は、再びどの神を遣わしたらよいかを神々に尋ねた。

　思金神と八百万の神々は相談して、天安河の川上にある天の岩屋に鎮座する天尾羽張神を推薦する。そして、もし断られた場合は、その子供の建御雷之男神が適任だとつけ加えた。

　ただし、天之尾羽張神は、天安河の水をせきとめて道を塞いでいるので、天迦久神以外の神はいくことができないのだという。そこで、天迦久神が使者として遣わされた。

　天尾羽張神は、天迦久神の話を聞くと、「お引き受けいたしますが、葦原中国には自分の子供である建御雷之男神を遣わしたほうがよいでしょう」といって、すぐに建御雷之男神を神々のもとに向かわせた。

　そこで神々は、天鳥船神（鳥之石楠船神）を建御雷之男神に従わせ、葦原中国へと遣わすことにする。

　こうして出雲国の伊那佐の小浜に降りたった建御雷之男神は、十掬剣を抜いて逆さに突き立て、その剣先で胡座を組み、大国主神に天津神の御子に国を譲るように迫った。

　その要求に、大国主神は「私の子である事代主神に聞いて下さい。しかし、彼は鳥を狩りに、そして魚を取りに美保崎に行って、帰ってきていません」と答えたのだった。

第四章　出雲神話　葦原中国平定

使者として選ばれた最強の武神

天照大御神 (P.060)

①八百万の神々を集めもう一度相談

八百万の神々　**思金神** (P.088)

②相談して推薦

天之尾羽張神 (P.051)

③推薦

④出雲国の伊那佐に降り立つ

鳥之石楠船神 (P.040)

建御雷之男神 (P.054)

⑤国譲りを要求　⑥ふたりの息子に聞くことを要求

大国主神 (P.108)

事代主神 (P.132)　**建御名方神** (P.133)

ついに達成された葦原中国平定

建御雷之男神は、美保崎に天鳥船神を遣わして事代主神を呼び寄せ、国を譲ることへの同意を要求した。すると、事代主神は「恐れ多いことです。この国は天津神の御子に差し上げましょう」というやいなや、船を踏んで傾けさせて、天の逆手を打って、その船を青柴垣にして隠れてしまった。

大国主神はさらに、「建御名方神にも聞いてほしい」といったが、そこに本人がやって来て、いきなり建御雷之男神に力競べを挑んだ。

建御名方神は、建御雷之男神の手を掴もうとしたが、建御雷之男神が手を氷柱や剣に変化させたので、恐れをなして引き下がった。すると建御雷之男神は、建御名方神の手を掴むと、握り潰して放り投げた。

建御名方神はそこから逃げ出すが、建御雷之男神に信濃国の諏訪湖で追いつかれてしまう。すると、「ここからほかには行きません。父にも事代主神にも背きません。葦原中国は天津神の御子に差し上げます」と命乞いをして国譲りを承諾した。

こうして、2柱の同意を得た建御雷之男神は、大国主神に国を譲るよう迫った。大国主神もついに観念して「この国を天津神に差し上げましょう」と従うのだった。こうして、建御雷之男神は葦原中国を平定し、高天原へと戻っていった。

大国主神の子を屈服させ平定

⑤葦原中国を平定し高天原に戻る → 高天原

建御雷之男神 (P.054)

②承認

①国譲りを要求

事代主神 (P.132)

③戦いを挑むが敗走 追い詰められて承諾

建御名方神 (P.133)

④息子たちに従って国譲りを承諾し出雲国の多藝志の小濱に宮殿を建てたくさんの料理でもてなす

大国主神 (P.108)

第四章 出雲神話 葦原中国平定

恋に溺れて身を滅ぼした天津神
天若日子(あめのわかひこ)

第四章 出雲神話
天若日子

登場 ■■■■■
名高さ ⛩⛩⛩⛩⛩
霊力 〰〰〰〰〰
慈愛 ♥♥♥♥♥

関連の深い神様

大国主神 →P.108

天佐具売 →P.135

日本神話の国譲りに登場する神様。その名前には「天の若い男児」という意味があり、顔立ちが整っている美男子だったとされている。神話の中では、大国主神が治める葦原中国を天照大御神の御子神に譲り渡すよう説得するために、天津神たちの使者として地上に向かった。しかし、大国主神の娘である下照比売命と結婚し、その役割を放棄。それから8年間も天津神たちと連絡を取らなかった。どのような理由があったにせよ、天津神らを裏切った天若日子は、最後は天からの矢を受けて命を落としてしまう。

仕事より恋を優先した天上の美男子

神様トリビア
天若日子が登場する物語は七夕の起源のひとつ
天若日子が登場する『御伽草子』の「天稚彦物語」。これは、年に一度しか会うことを許されないとある夫婦の物語で、その内容から七夕の起源のひとつとされている。

地位 穀物神　ご利益 農業守護　神社 安孫子神社(滋賀県愛知郡)

絵:池田正輝

自然

雷神と農耕神の性格を併せもつ神
阿遅志貴高日子根神（あぢすきたかひこねのかみ）

- 登場：
- 名高さ：
- 霊力：
- 慈愛：

関連の深い神様

大国主神 →P.108

天若日子 →P.130

第四章　出雲神話

怒ると怖い雷の神様

阿遅志貴高日子根神

『古事記』では、大国主神の子供とされている阿遅志貴高日子根神。この神様は鋤を御神体とした農耕神であり、慈雨をもたらす雷神でもあるという。神話の中では、とくに雷神としての一面が垣間見える。阿遅志貴高日子根神が天若日子の葬儀に参加した際、阿遅志貴高日子根神は天若日子と間違われた。2神は外見が似ていたため、無理もないが、死者と間違えられたことに阿遅志貴高日子根神は激怒し、天若日子の死体が安置してあった喪屋を剣で切り倒したという。雷神ゆえに非常に荒々しい性格だったのだろう。

神様トリビア
別名は迦毛之大神で強大な力をもっていた？

阿遅志貴高日子根神は、『古事記』や『続日本紀』にて迦毛之大神とも紹介されている。「大神」と呼ばれるくらいなので、強い力をもつ神とも考えられているのだ。

地位／雷神・農業神　　ご利益／病気平癒・大祓い　　神社／都々古別神社（福島県東白川郡）

絵：七片藍

国譲りのキーパーソンである託宣の神

事代主神
（ことしろぬしのかみ）

登場 ▮▮▮▯▯
名高さ ⛩⛩⛩⛩⛩
霊力 🌀🌀🌀🌀🌀
慈愛 ♥♥♥♥♡

関連の深い神様
- 建御雷之男神 → P.054
- 大国主神 → P.108

第四章 出雲神話／事代主神

大国主神と神屋楯比売命の子で、託宣の神として知られる事代主神。その名前は「言知主」、言葉を代わりに述べる者という意味をもつ。事代主神は日本神話の国譲りの話に登場するが、その際も大国主神の言葉を代弁していた。また、この神様は七福神の一柱である恵比寿を具体的に視覚化した神ともいわれている。恵比寿が魚を釣り上げた姿で描かれるのは、事代主神が国譲りの話の中で釣りをしていたことに由来する。託宣の神に海上安全や漁業の守護といったご利益があるのは、恵比寿と同一視されているからだろう。

神の言葉を告げる代弁者

神様トリビア
事代主神を祀る代表的な神社

大国主神の言葉を代弁した事代主神は、船を青葉の柴垣に変えて中に隠れた。その場所が島根県松江市で、同市にある美保神社には事代主神が祀られている。

地位 託宣神／海の神／福神　**ご利益** 五穀豊穣／海上安全／漁業の守護　**神社** 美保神社（島根県松江市）

絵：日田慶治

農業

千人力を誇る力自慢の軍神
建御名方神(たけみなかたのかみ)

登場：
名高さ：
霊力：
慈愛：

関連の深い神様

建御雷之男神 → P.054
大国主神 → P.108

第四章 出雲神話

建御名方神(たけみなかたのかみ)

諏訪大明神などと呼ばれる建御名方神は、武士たちの間で人気があった軍神で、水神、農耕神、狩猟神としても信仰されている。『古事記』によれば、この神様は大国主神と沼河比売の間に生まれた御子神であり、1000人で運ぶ大岩をひとりで持つほどの力を秘めていたそうだ。力自慢ゆえに、『古事記』の国譲りのエピソードでは、建御雷之男神に相撲を挑んでいる。残念ながらこの勝負に敗北し、建御名方神は諏訪（現在の長野県）へ追いやられた。その後、その地に留まることなどを誓って降伏し、許されたという。

複数の神格をもち多くの信仰を集める

神様トリビア 戦いに敗れたのは『古事記』での話

建御雷之男神に負けて諏訪に追いやられた建御名方神だが、諏訪大社側の縁起では、逆にほかの土地からやって来て土着の神を倒したという勇ましい逸話が残っている。

地位：軍神／農耕神／狩猟神　ご利益：五穀豊穣／諸願成就／開運招福　神社：諏訪大社（長野県諏訪市）

絵：七片藍

生活

天津神に娶られた大国主神の娘
下照比売命
したてるひめのみこと

第四章 出雲神話 下照比売命

登場	
名高さ	
霊力	
慈愛	

関連の深い神様

天若日子 →P.130

阿遅志貴高日子根神 →P.131

大国主神の娘で、阿遅志貴高日子根神の妹。大国主神に国を譲るよう交渉するために、高天原から遣わされた天若日子と恋に落ち、やがて結婚する。国の所有権を巡って争う相手の娘にも関わらず夫婦となるくらいなので、魅力あふれる女神だったのだろう。ただ、その幸せは長く続かず、天若日子は天津神が投じた矢に当たり、命を落としてしまう。しかも、天若日子の葬儀では、夫の遺体を安置した喪屋を阿遅志貴高日子根神に切り倒されるなど、立て続けに不幸に見舞われた。なんとも不運な女神である。

安産の神として敬われる女神

神様トリビア — 安産の神として信仰を集める下照比売命

下照比売命は倭文神社で安産の神として信仰されている。難産に苦しむ女性の夢にこの神様が現れ、神社内の「安産岩」の側で無事に子供を産んだという伝承もある。

地位 — ご利益 安産 神社 倭文神社（鳥取県東伯郡）

絵：月岡ケル

預言者・巫女

破滅を招く予言の女神
天佐具売(あめのさぐめ)

- 登場
- 名高さ
- 霊力
- 慈愛

関連の深い神様

天照大御神 →P.060

天若日子 →P.130

第四章 出雲神話 天佐具売

天佐具売は日本神話の国譲りの中で、天若日子が命を落とす原因となった女神だ。大国主神を説得するために遣わされた天若日子だったが、仕事を投げ出して下照比売命と結婚し、天界と連絡を絶ってしまう。そこで天津神は、鳴女という雉（キジ）を地上に送り、天若日子を問いただすことに。しかし、天佐具売が「この雉の鳴き声は不吉なので殺すべきだ」と進言したため、天若日子は鳴女を弓矢で射殺してしまう。これが反逆行為とみなされ、天若日子は天津神が放った矢に貫かれて命を落とすことになった。

天若日子の死に深く関わる

神様トリビア
邪悪な妖怪・天邪鬼の起源とされる

真意は不明だが、無謀な行為をそそのかし、天若日子を破滅へと誘った天佐具売。この女神は、古くから伝わる日本の妖怪・天邪鬼の起源ともいわれている。

地位 占いの神　ご利益 —　神社 —

絵：ナチコ

神話コラム ❹
神々のアイテム
神々の使う特別な武器や道具

非現実的なアイテムは意外と少ない

ギリシア神話や北欧神話など、世界各地に伝わる神話には、『ドラえもん』に出てくるような便利アイテムが多数登場する。しかし、日本神話にはそういったアイテムがほとんど出てこない。武器に関しては、神倭伊波礼毘古命が熊野で荒ぶる神を倒した際に用いた布都御魂が特別なだけで、あとはごく普通の剣ばかりだ。道具に関しても不思議な力をもつものは少なく、三種の神器と呼ばれる草那芸之大刀（草薙剣）、八咫鏡、八尺瓊勾玉ですら、特殊な能力は与えられていないのである。これは『古事記』が歴史を記した「歴史書」であることが大きな理由だろう。編集される段階で、非現実的なアイテムは存在を消されてしまったと思われる。

三種の神器

剣［草那芸之大刀］
草薙剣。建速須佐之男命が八俣遠呂智の尻尾を切ったとき、尾の中から現れた。のちに倭建命が東国征討を行った際に使用。現在は熱田神宮に保管されている。

倭建命（P.180）
第12代天皇である景行天皇の子。倭建命は東国征討の際、この剣を使って危機を乗り越えたという。

道具［八咫鏡］
天照大御神が天の岩戸に隠れる「岩戸隠れ」で作られた。これを天照大御神だと思って祀るようにと、のちに邇邇芸命に授けられる。

装飾品［八尺瓊勾玉］
八咫鏡と同じように「岩戸隠れ」の際に作られた大きな勾玉。のちに邇邇芸命に授けられた。

矛 [天沼矛(あめのぬほこ)]

別天津神が伊邪那岐神と伊邪那美神に授けた矛。2神が矛で大地をかき混ぜると、塩が滴り落ち、それが積もって島ができたという。

別天津神(ことあまつかみ)
高御産巣日神や神産巣日神などを含んだ、天地開闢で現れた5柱の神様。

剣 [天之尾羽張(あめのおはばり)]

伊邪那岐神が火之迦具土神を斬る際に使った、拳10個分の幅がある剣。剣神である天之尾羽張の化身、またはそのものであるとされる。

火之迦具土神(ひのかぐつちのかみ)
(P.042)
伊邪那岐神の子。伊邪那美神が死ぬ原因となり、怒った伊邪那岐神に切られてしまう。

剣 [大量(おおはかり)]

友人である天若日子の葬儀に参加した際、死者と間違えられて怒った阿遅志貴高日子根神は、この剣を使って喪屋を切り倒した。

阿遅志貴高日子根神(あぢすきたかひこねのかみ)
(P.131)
天若日子と瓜ふたつの神様。友人の葬儀で、喪屋を切り倒すという暴挙に出る。

剣 [布都御魂(ふつのみたま)]

建御雷之男神が葦原中国を平定する際に使用した剣。神武東征のあとに神格化され、霊格の高い剣神として祀られるようになった。

建御雷之男神(たけみかづちのおのかみ)
(P.054)
火之迦具土神の血から現れた雷神。悪神に襲われた神倭伊波礼毘古命に布都御魂を授ける。

弓矢 [天之麻古弓(あめのまかこゆみ)・天之波波矢(あめのははや)]

「鹿を射るための弓」または「羽のついた弓」という意味をもつ弓矢。国譲りの話で葦原中国に降りる天若日子に授けられた。

天若日子(あめのわかひこ)
(P.130)
大国主神に国を譲るように交渉するため、高天原から使者として地上に降りた神様。

装飾品 [湯津津間櫛(ゆつつまぐし)]

伊邪那岐神が髪に挿していた櫛。黄泉の国で予母都志許売に追いかけられた伊邪那岐神は、この櫛を使って逃げることに成功した。

伊邪那岐神(いざなぎのかみ)
(P.022)
天地開闢の神話の最後に登場する神。天照大御神や建速須佐之男命を生んだ。

神話コラム❹ 神々のアイテム

神話コラム ④ 神々のアイテム

装飾品 [御倉板挙之神（みくらたなのかみ）]

伊邪那岐神が天照大御神に高天原の統治を任せた際に授けた首飾り。「倉の棚の神」という意味をもつ。正確な用途は不明となっている。

天照大御神
(P.060)
伊邪那岐神の子で、高天原の主宰神。八百万の神々の頂点に立つ存在である。

食物 [桃（もも）]

固い桃には邪悪なものを払う力があるとされ、伊邪那岐神は黄泉の国から逃げる際、追ってくる八雷神に桃を投げつけて撃退した。

八雷神（やくさいかづちのかみ）
(P.063)
黄泉の国で伊邪那美神の体にまとわりついていた8柱の雷神。伊邪那岐神を追い回した。

食物 [八塩折之酒（やしおりのさけ）]

建速須佐之男命が足名椎命と手名椎命に作らせた酒。建速須佐之男命はこれを八俣遠呂智に飲ませて眠らせ、退治することに成功した。

足名椎命・手名椎命（あしなづちのみこと・てなづちのみこと）
(P.102)
大山津見神の子。結婚して夫婦神となり、建速須佐之男命の妻となる櫛名田比売を生む。

道具 [尻久米縄（しりくめなわ）]

天の岩戸から天照大御神が出てきたあと、天照大御神が再び岩戸に入らないように、布刀玉命が張った縄。結界を張る道具とされる。

布刀玉命（ふとたまのみこと）
(P.090)
神事や占いの神として信仰を集める神。天照大御神を天の岩戸から出すとき一役買った。

道具 [潮盈珠・潮乾珠（しおみつたま・しおふるたま）]

大綿津見神が火遠理命に与えた、潮の満ち引きを操る不思議な珠。潮盈珠を使うと水があふれ、潮乾珠を使うと水が引く。

大綿津見神（おおわたつみのかみ）
(P.035)
豊玉毘売命や玉依毘売命の父。火遠理命に潮盈珠と潮乾珠を授け、娘を嫁がせた。

道具 [十種神宝（とくさのかんだから）（天璽瑞宝十種）]

邇藝速日命が地上に降る際、天照大御神から授けられた10種類の神宝。その中には、死者を蘇らせる力をもつものもあるという。

邇藝速日命（にぎはやひのみこと）
(P.171)
大和地方を支配していた豪族の長髄彦が信奉していた神。のちに神武天皇に仕える。

第五章
日向(ひむか)神話(しんわ)

天照大御神(あまてらすおおみかみ)に葦原中国(あしはらのなかつくに)を治(おさ)めることを命(めい)じられた邇邇芸命(ににぎのみこと)は、三種(さんしゅ)の神器(じんぎ)と神々(かみがみ)とともに高千穂(たかちほ)に天降(あまくだ)った。邇邇芸命(ににぎのみこと)は3柱(はしら)の御子(みこ)をもうけたが、長兄(ちょうけい)の火照命(ほでりのみこと)と末弟(まってい)の火遠理命(ほおりのみこと)は、ささいなことで対立(たいりつ)してしまう。

天孫降臨

高天原から降り立つ天津神の一行

地上から迎えに来た猿田毘古神

　天照大御神と高御産巣日神は、世継ぎである天之忍穂耳命に、「葦原中国を平定し終わったという報告があった。天降って統治しなさい」と命じた。

　しかし、天之忍穂耳命は、「私が天降る支度をしている間に、子を生みました。名は邇邇芸命といいます。この子を降ろしましょう」といった。この御子は、高御産巣日神である娘と万幡豊秋津師比売命との間に生まれ子で、天火明命の弟にあたる神様だ。

　そこで天照大御神と高御産巣日神は、邇邇芸命に葦原中国を任せることにした。

　さて、邇邇芸命が天降ろうとすると、道が分かれている場所に、上は高天原、下は葦原中国まで照らす神がいた。

　天照大御神と高御産巣日神は、天宇受売命に命じて、何者かを問いただださせた。すると、その神様は、国津神の猿田毘古神と名乗り、天津神の御子が天降りすることを聞き、先導しようと待っていたのだという。

天照大御神は、葦原中国を治めるために邇邇芸命を天降らせる。高千穂に下り立った一行は、宮殿を建て、統治を始める。

天津神と国津神

天照大御神（P.060）

天津神……高天原にいる神々

天津神とは高天原にいる神々、高天原から天降った神々のことだ。ただし、建速須佐之男命（天津神）の子孫は国津神とされている。

大国主神（P.108）

国津神……地上にいる神々

国津神は、葦原中国に現れた神様のこと。その土地を治めていたとされる土着の神様で、大国主神が代表的存在。

ともに天降ったたくさんの神々

　邇邇芸命は、天児屋根命、布刀玉命、天宇受売命、伊斯許理度売命、玉祖命を従えて、天降りすることになった。この5柱を五伴緒と呼ぶ。

　さらに、天照大御神は、八尺瓊勾玉、八咫鏡、草那芸之大刀の三種の神器と、思金神、天手力男神、天石門別神を授け、「この鏡は私の御魂と思って、私を拝むように祀りなさい。思金神は、私の祭祀を取り仕切って政をしなさい」と命じた。

　こうして、八咫鏡と思金神は、伊勢にある伊勢神宮内宮に祀られるようになった。

　このとき、豊宇気神も伊勢神宮外宮（豊受大神宮）のある度相に鎮座したとされている。明確な説明はないが、豊宇気毘売神のことだとするのが定説だ。

　一緒に降った天手力男神は、伊勢の佐那県に鎮座したという。天石門別神に関しては、櫛石窓神、豊石窓神という別名と御門の神とだけ記されており、鎮座した場所は不明だ。

　また、五伴緒の神々は、さまざまな氏族の祖となった。『古事記』によれば、天児屋根命は神事や祭祀を司る中臣氏、布刀玉命は神事や祭祀を司る忌部氏、天宇受売命は祭祀での舞を行った猿女氏、伊斯許理度売命は鏡職人を束ねる鏡作氏、玉祖命は、玉職人を束ねる玉造氏の祖となったと記されている。

第五章　日向神話　天孫降臨

高千穂に降臨した天孫の一行

邇邇芸命と一行は、高天原を出発し、幾重にもたなびく雲をかきわけて、天の浮橋から浮島に渡り、筑紫国の日向の高千穂の久士布流多気に天降った。この高千穂がどこをさすのかは諸説あるが、九州説が有力となっている。

そして、弓と太刀で武装した天忍日命と天津久米命が、一行を先導した。天忍日命は大伴氏の祖、天津久米命は久米氏の祖となったという。

すると、韓国に向かい、笠沙の岬にまっすぐな道が通じ、朝日がよく射し、夕日のよく照る非常によい土地を見つけたので、そこに大変立派な宮殿を建てて住むことにした。

邇邇芸命は、天宇受売命に猿田毘古神を送り、その名をもらって仕えなさい命じた。そのため、天宇受売命を祖とする氏族は、猿女君と呼ばれるようになった。

この猿田毘古神は、のちに阿耶訶で漁をしているとき、比良夫貝に手を挟まれて、海に沈んで溺れて死んでしまったという。

一方、猿田毘古神を送って帰ってきた天宇受売命は、大小の魚を集め、「天津神の御子にお仕えするか」と尋ねた。するとナマコだけが答えなかったので、怒って小刀で口を裂いてしまう。そのため、今でもナマコの口は裂けているのだという。

第五章 日向神話

天孫降臨

高千穂の有力候補地（九州）

九重連峰（大分県）
久士布流多気が九重連峰や久住山と音が近いことから出された説だが、支持する学者はそれほど多くない。

高千穂町（宮崎県）
宮崎県高千穂町は、そのまま「高千穂」という地名が残り、天の岩戸と伝わる場所もあるため、有力な候補地のひとつ。

高千穂峰（宮崎県）
霧島連峰にある高千穂峰に「高千穂」の名が残るため、有力な候補地のひとつ。ただし、名前以外に根拠は乏しい。

木花之佐久夜毘売との出会い

邇邇芸命は、笠沙の岬で、木花之佐久夜毘売という美しい娘と出会った。邇邇芸命は求婚するが、父の大山津見神に聞いてほしいという返事だった。そこで、遣いを出すと、大山津見神は大変喜び、たくさんの品物とともに、姉の石長比売も一緒に差し出した。

ところが、邇邇芸命は、石長比売が醜かったので送り返し、木花之佐久夜毘売だけをとどめて、一夜の契りを交わした。

大山津見神は、石長比売が戻されたことを恥じ、「天津神の御子の寿命が岩のように永遠に続くようにと石長比売を差し上げたのに、戻されてしまったので、寿命は木の花のようにはかなくなるでしょう」といった。これが、天皇の寿命が永遠でなくなった理由である。

さて、木花之佐久夜毘売は身ごもったが、邇邇芸命は、一夜で身ごもったのを不審に思い、国津神の子だろうと疑った。そこで、木花之佐久夜毘売は、「もし国津神の子ならば、生むときに無事ではないでしょう。もし天津神の御子ならば、無事でしょう」といって御殿を建てて中に入り、戸を塞いで、出産時に火を放った。

そして、火中で3柱の御子を無事に出産することで、身の潔白を証明するのであった。

第五章　日向神話

天孫降臨

木花之佐久夜毘売との結婚と出産

① 木花之佐久夜毘売に一目惚れし結婚の許可を求める
→ 大山津見神（P.038）
② 喜んでふたりの娘を差し出す

邇邇芸命（P.144）
木花之佐久夜毘売（P.148）
石長比売（P.149）

③ 木花之佐久夜毘売とだけ結婚し石長比売は帰す
④ 邇邇芸命が石長比売のみを返したため子孫の寿命が短くなる
⑤ 一夜を共にしただけで身ごもったことを疑われたため御殿に火を放ち出産

火照命（P.154）　火が照り輝いているときに出産
火須勢理命（P.155）　火が盛んに燃えたときに出産
火遠理命（P.156）　火が消えたときに出産

🔵 = 男神　🔴 = 女神

143

農業

太陽神の血をひく天界のエリート
邇邇芸命（ににぎのみこと）

第五章　日向神話

邇邇芸命

登場 ▮▮▮▮▮
名高さ ⛩⛩⛩⛩⛩
霊力 〰〰〰〰〰
慈愛 ♥♥♥♥♡

関連の深い神様

猿田毘古神
→P.145

木花之佐久夜毘売
→P.148

邇邇芸命は、『古事記』の天孫降臨における主人公的な存在。高天原の司令官である高御産巣日神と、高天原の主宰神である天照大御神の孫にあたる、由緒正しき神様だ。天孫降臨では、大国主神から譲り受けた葦原中国を治めるために、地上に降り立つ。その際、天照大御神から三種の神器（八咫鏡、八尺瓊勾玉、草那芸之大刀）を授かっている。地上に降りた邇邇芸命は、現在の宮崎県や鹿児島県など、南九州の各地に拠点となる宮殿を建設し、葦原中国を治めた。また、この地で妻となる木花之佐久夜毘売を娶ったそうだ。

天孫降臨の主人公とも呼べる神

神様トリビア
葦原中国を治める神は天之忍穂耳尊だった

天照大御神らは天之忍穂耳命に葦原中国を治めるように命令したが、天之忍穂耳命が身支度を整えている間に邇邇芸命が生まれたため、その役目を譲ったという。

地位 稲穂の神　ご利益 五穀豊穣／国家安泰／家内安全　神社 高千穂神社（宮崎県西臼杵郡）

絵：伊吹アスカ

交通

邇邇芸命を葦原中国に導いた道の神
猿田毘古神（さるたびこのかみ）

登場 ★★★★★
名高さ ★★★★☆
霊力 ★★★☆☆
慈愛 ★★★★☆

関連の深い神様

天宇受売命 → P.092
邇邇芸命 → P.144

稲作の神、道の神として知られる猿田毘古神。この神様は、『古事記』の天孫降臨にて、邇邇芸命が高天原から葦原中国に降りる際に、その先導役を務めた。役目を終えた猿田毘古神はすぐに姿を消してしまうため、ほかにどのような活躍をしたのかは謎に包まれている。この神様はもともとは伊勢の土着の神で、伊勢神宮に仕える海人系氏族の宇治土公氏が信仰していた太陽神だった。伊勢信仰が盛んになった時期に、宇治氏に伝承されてきた猿田毘古神の話が、天孫降臨の話に取り込まれたという説もある。

第五章 日向神話
猿田毘古神

天孫降臨では先導役を務める

神様トリビア
先導役の猿田毘古神は天孫降臨後に海で事故死
邇邇芸命の天降りが終わったのち、姿を消した猿田毘古神。どこかで平和に暮らしているかと思いきや、漁の最中に貝に手をはさまれ、溺れて死んでしまったという。

地位 太陽神／稲作の神／道の神　ご利益 交通安全／夫婦和合／安産／長寿祈願　神社 猿田彦神社（三重県伊勢市）

絵：七片藍

生活

宮廷を守護する屋敷の境界神
天石門別神（あめのいわとわけのかみ）

登場 ■■■■□
名高さ ⛩⛩⛩⛩⛩
霊力 ～～～～～
慈愛 ♥♥♥♥♥

関連の深い神様

天照大御神 →P.060
天手力男命 →P.093

第五章 日向神話　天石門別神

櫛岩窓神あるいは豊岩窓神とも呼ばれる天石門別神。神話に「この門は御門を護る神様なり」とあるように、天石門別神は古来より天皇の宮殿の四方の門に祀られていた。悪鬼悪霊や病気といった良くないものが異界から入ることを防いでくれるため、家内安全を保障する神として崇められている。地域の境界神が道祖神ならば、屋敷の境界神は天石門別神だろう。『古事記』でその姿が確認できるのは天孫降臨の話だ。天石門別神は邇邇芸命とともに天降り、それ以降、天孫が住まう宮殿を守護する役目を担った。

悪しきものを通さぬ門の番人

神様トリビア
岩を御神体として神を祀る神社もある

世界各地には石に神が宿るという信仰が存在する。そのため、「石」と関係が深い天石門別神を祀る神社の中には、岩を御神体として心霊を祀るところもある。

地位：山の神／石の神／宮城の門の守護者　ご利益：災厄除け／家内安全　神社：天岩門別神社（岡山県美作市）

絵：日田慶治

邇邇芸命を生んだ織物の神
萬幡豊秋津師比売命
(よろずはたとよあきつしひめのみこと)

工業

登場 ■■■□□
名高さ ⛩⛩⛩⛩□
霊力 🌀🌀🌀🌀□
慈愛 ♥♥♥♥♥

関連の深い神様
天之忍穂耳命 →P.079
邇邇芸命 →P.144

第五章 日向神話

萬幡豊秋津師比売命

　高御産巣日神の娘で、天之忍穂耳命の妻。『日本書紀』には、栲幡千千姫命や栲幡千千媛萬媛命など、異なる名前で登場する。
　神名にある「萬幡」は多くの機織を指し、「師」は技師という意味をもつ。また、「豊秋津」の意味は「上質な布」あるいは「稲が豊かに実る」など、諸説があるが、いずれにしても機織や織物に関係が深い神といえよう。そのため、この神様は、七夕祭の織姫・棚機姫といわれ、織物の神様として信仰を集めてきた。また、七夕にちなみ、女性からは縁結びの神様としても信仰されている。

出会いのご利益もあるとされる女神

神様トリビア　天孫降臨の主人公である邇邇芸命を生んだ

　萬幡豊秋津師比売命は、天孫降臨の主人公ともいえる邇邇芸命や天火明命を生んでいる。その名を聞く機会は少ないが、非常に重要な役割を担った女神なのだ。

地位 織物の神　ご利益 縁結び　神社 亀山神社（広島県呉市）

絵：月岡ケル

第五章 日向神話

木花之佐久夜毘売(このはなのさくやびめ)

自然
美しさとたくましさを兼ね備えた女神
木花之佐久夜毘売

- 登場：★★★★★
- 名高さ：⛩⛩⛩⛩⛩
- 霊力：🌀🌀🌀🌀🌀
- 慈愛：❤❤❤❤

関連の深い神様
- 邇邇芸命 →P.144
- 石長比売 →P.149

　木花之佐久夜毘売は、日本全山の総元締めである大山津見神の娘で、別名を神阿多都比売という。笠沙の岬で邇邇芸命と出会い、やがて結婚。その後、子を身ごもるが、一夜の契りで妊娠したため、夫に「ほかの神の子ではないのか」と不審を抱かれてしまう。浮気を疑われた木花之佐久夜毘売は、お腹の子供が邇邇芸命の子であることを証明するために、産屋に自ら火を放ち、その中で出産に臨んだそうだ。このとき生まれた子供は、上記の話にちなんで火照命、火須勢理命、火遠理命と名付けられた。

火中で子を生み 身の潔白を証明

神様トリビア：稲からお酒を作り 酒造の神となる

　木花之佐久夜毘売は、邇邇芸命がもってきた稲粳の稲でお酒（天甜酒）を作っていたことから、酒造の神としても有名。この天甜酒は御神酒の元祖となる酒だ。

地位：酒解子神／妻の守護神　ご利益：縁結び／子授け／安産／山火事鎮護　神社：全国の浅間神社（約1300社）

絵：双羽純

石長比売 (いわながひめ)

岩の永遠性を象徴する女神

第五章 日向神話

- 登場
- 名高さ
- 霊力
- 慈愛

関連の深い神様
- 邇邇芸命 →P.144
- 木花之佐久夜毘売 →P.148

> その説話から寿命の起源とされる

石長比売は大山津見神の娘で、木花之佐久夜毘売の姉。邇邇芸命と木花之佐久夜毘売が結婚する際、妹とともに石長比売も邇邇芸命のもとに嫁いだ。しかし、石長比売は木花之佐久夜毘売ほど美しくなかったため、石長比売だけ実家に帰されてしまう。『古事記』によれば、木花之佐久夜毘売と交じわれば木の花が咲くように繁栄に恵まれ、石長比売と交われば岩のように揺るがない永遠の命が得られたという。邇邇芸命が命の象徴たる石長比売を拒絶してしまったため、天皇の寿命は永遠ではなくなったそうだ。

神様トリビア　全国各地で祀られる長寿を願う岩の女神

石長比売は岩の永遠性を象徴した女神。浅間神社をはじめ、京都の大将軍神社、兵庫の磐長姫神社、宮崎の銀鏡神社などに、長寿を願う岩の女神として祀られている。

地位　岩の女神　　ご利益　長寿　　神社　全国の浅間神社（約1300社）

絵：七片藍

海佐知毘古と山佐知毘古

ささいなことで始まった兄弟の争い

海佐知毘古（火照命）と山佐知毘古（火遠理命）

　木花之佐久夜毘売が産んだ3柱の御子の長男・火照命は海佐知毘古として大小の魚を取り、三男の火遠理命は山佐知毘古としてを大小の獣をとって暮らしていた。

　あるとき、火遠理命は、「それぞれの猟具を交換しよう」と火照命に頼んだ。3回頼んでも断られたが、わずかな時間ならという条件で、ようやく交換してもらった。さっそく火遠理命は、釣針で魚を釣ろうとしたが1匹も釣れず、しかも釣針をなくしてしまう。

　火照命は、「山の猟師も海の漁師も自分の猟具のほうがよい。それぞれ返そう」といって、釣針を返してもらおうとしたが、火遠理命がなくしたことを知って、早く返せと責めたてた。

　火遠理命は、十拳剣を砕いて、500の釣針を作って償おうとしたが、火照命は受け取らなかった。さらに1000の釣針を作って償おうとしても受け取らず、「元の釣針を返せ」と責めるのだった。

海佐知毘古と山佐知毘古

海佐知毘古（火照命）
火照命（P.154）

邇邇芸命の長男で、海の幸をとる漁師として暮らしていたため海佐知毘古と呼ばれる。貸した釣針をなくした弟を責め続けた。

山佐知毘古（火遠理命）
火遠理命（P.156）

邇邇芸命の三男で、山の幸をとる猟師として暮らしていたため山佐知毘古と呼ばれる。海神の宮殿に行ったことで運命が変わる。

借りた釣針を無くしたことを兄に責められた火遠理命は、塩椎神の勧めで海神の宮殿を訪ねたことで、立場の逆転に成功する。

豊玉毘売命との結婚

　火遠理命が、泣き悲しんで海辺にいると、塩椎神がやってきて理由を尋ねるので、事情をすべて説明した。

　すると、塩椎神は、竹籠の小船を造って火遠理命を乗せ、大綿津見神の宮殿へ行くようにといって、宮殿への道順と宮殿ですべきことを教えてくれた。

　火遠理命は、教えられたとおりに進んで宮殿に到着し、教えられたとおり井戸の上の木に上って待った。

　すると、水を汲みにきた侍女が火遠理命を見つけ、それがきっかけとなって豊玉毘売命と父親の大綿津見神と出会う。大綿津見神は、すぐに天津神の御子と見抜き、さまざまなものを供えて歓迎し、娘の豊玉毘売命と結婚させた。

　火遠理命は、そこで３年間暮らしたが、釣針のことを思い出して、深い溜め息をついた。それを聞いた豊玉毘売命に相談された大綿津見神は、火遠理命に理由を尋ねた。そこで、火遠理命は、釣針をなくしたために、責められた様子を詳しく話した。

　話を聞いた大綿津見神は、あらゆる魚を呼び集めて、釣針のことを尋ねた。すると、魚たちが口々に「赤鯛が喉に骨が刺さって物が食べられないといって困っている」というので、赤鯛の喉を探すと釣針が見つかったのだった。

第五章　日向神話　海佐知毘古と山佐知毘古

海佐知毘古と山佐知毘古のいさかい

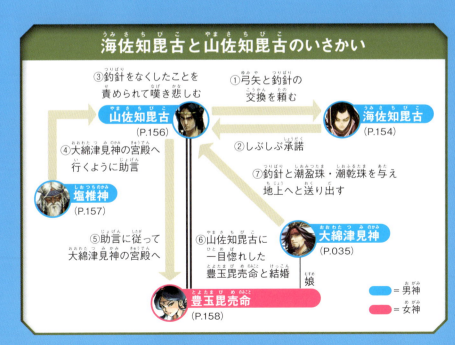

151

降参した火照命

　大綿津見神は、赤鯛の喉から釣針を取り出して清め洗った。そして、火遠理命に差し出すときに、「この釣針を兄に返すとき、『この鉤は、淤煩鉤、須須鉤、貧鉤、宇流鉤』といって、手を後ろに回して渡しなさい。

　そして、その兄が高い土地に田を作ったら、あなたは低い土地に田を作りなさい。もし、兄が低い土地に田を作ったら、あなたは高い土地に田を作りなさい。そうすれば、私が水を司っているので、3年で兄は貧しくなるでしょう」といった。

　さらに、「もし恨んで攻めて来たら、潮盈珠を出して溺れさせ、苦しんで許しを請うならば、潮乾珠を出して命を助け、悩ませ苦しめなさい」といって、火遠理命に潮盈珠と潮乾珠を授け、和邇の首に火遠理命を乗せて送り出した。

　地上に戻った火遠理命は、大綿津見神に教えられたとおりに釣針を返した。すると、火照命は貧しくなって攻めてきたので、これも教えられたとおりに撃退した。

　悩み苦しんだ火照命は、「昼夜の守り人となって仕えましょう」といって、ついに降参したのだった。

第五章　日向神話　海佐知毘古と山佐知毘古

邇邇芸命、火遠理命、鵜草葺不合命を日向三代と呼ぶ。

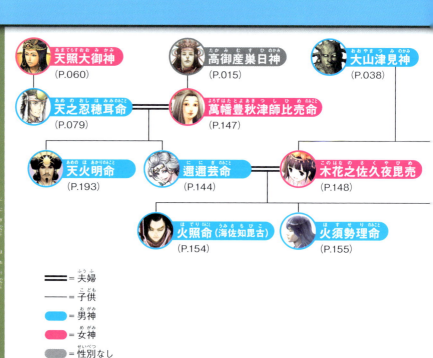

日向三代の系図

見てはいけなかった豊玉毘売命の出産

　火遠理命の子を身ごもった豊玉毘売命は、出産が近づいたので、天津神の御子を海原で生むべきではないと考えて、地上にやってきた。

　そこで、すぐに海辺の渚に、鵜の羽を葺草として産屋を造りはじめたが、まだ葺き終わらないうちに産気づいてしまった。

　そこで造りかけの産屋に入って生むことにしたが、豊玉毘売命は「異国の人は、子供を生むとき本来の姿に戻ります。お願いですから私を見ないでください」という。

　不思議に思った火遠理命が、こっそり覗くと、そこには身をくねらせている八尋の和邇の姿があった。それを見た火遠理命は驚き、恐れをなして逃げ出してしまった。

　豊玉毘売命は、覗かれたことを知って恥ずかしく思い、生んだ御子を置いて、海原と地上の道を塞いで帰っていった。

　その御子は、鵜草葺不合命と名づけられ、のちに育ての親である玉依毘売命と結婚し、4柱の子をもうける。その末子である若御毛沼命は、別名を神倭伊波礼比古命といい、のちに神武天皇といわれる。

第五章　日向神話

海佐知毘古と山佐知毘古

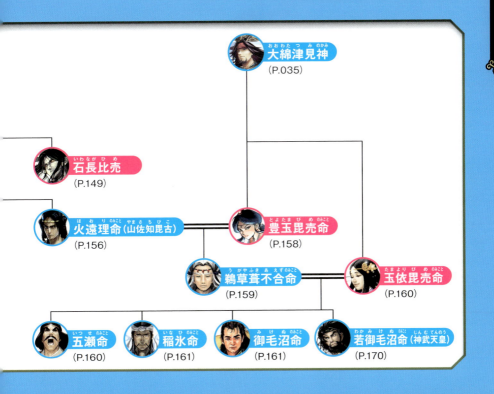

自然

昔話として語られる兄弟神話の主人公

火照命（ほでりのみこと）

- 登場
- 名高さ
- 霊力
- 慈愛

関連の深い神様

木花之佐久夜毘売 →P.148
火遠理命 →P.156

第五章 日向神話

火照命

権力闘争に敗れて弟に仕える

火照命は邇邇芸命と木花之佐久夜毘売の子で、火須勢理命や火遠理命の兄。『古事記』の中で、火照命は海の狩りを得意とする海佐知毘古、火遠理命は山の狩りを得意とする山佐知毘古として登場する。この物語の中で、兄弟間の権力闘争に敗れた火照命は、火遠理命の守護神となり、生涯仕えることになった。『古事記』などには、山佐知毘古は天皇家、海佐知毘古は九州南部の隼人族の先祖と記されている。つまり海佐知毘古と山佐知毘古の兄弟喧嘩は、大和朝廷とそれに抵抗した隼人族の戦いということになるだろう。

> **神様トリビア** 火照命は稲穂の神として祀られることもある
>
> 名前の「火」は「穂」、「照」は「照り」という意味をもつ。これは穂が赤く熟することなどを表しており、両親とともに稲穂の神として祀られることも多い。

地位　稲穂の神／漁業の神　　ご利益　豊漁／豊作守り　　神社　潮嶽神社（宮崎県日南市）

絵：池田正輝

農業

火中で生まれた3兄弟の次男
火須勢理命
(ほすせりのみこと)

登場 ■■□□□
名高さ ⛩⛩⛩□□
霊力 〜〜〜□□
慈愛 ♥♥♥♥□

関連の深い神様

火照命 → P.154

火遠理命 → P.156

第五章 日向神話

火須勢理命

火中で生まれた稲穂の神

　火須勢理命は、邇邇芸命と木花之佐久夜毘売の間に生まれた3兄弟の次男だ。その名前は、木花之佐久夜毘売の出産時の物語に由来する。邇邇芸命に貞操を疑われた木花之佐久夜毘売は、産屋に火をつけて出産に臨んだ。このとき、火が燃え出すと長男が、火勢が増してくると次男が、火が衰えると三男が生まれた。このことから長男は火照命、次男は火須勢理命、三男は火遠理命と名付けられたそうだ。また、「火」には「穂」という意味もあり、火須勢理命も兄や弟と同じく農業に関する神と考えられている。

> **神様トリビア**
> 火照命と火須勢理命は同一神という説もある
> 『日本書紀』では火照命の功績が火須勢理命の功績として書かれていたり、火須勢理命が長男として登場するため、火照命と火須勢理命は同一神ともいわれている。

地位 稲穂の神　ご利益 五穀豊穣　神社 隼人神社（岐阜県山県市）

絵：中山けーしょー

第五章 日向神話

農業

皇族を正式に伝える初代神武天皇の祖父
火遠理命（ほおりのみこと）

登場 ★★★★★
名高さ ★★★★★
霊力 ★★★☆☆
慈愛 ★★☆☆☆

関連の深い神様
- 豊玉毘売命 → P.158
- 鵜草葺不合命 → P.159

権力闘争に勝利し天皇家の祖先に

火遠理命は邇邇芸命の息子で、火照命や火須勢理命の弟にあたる。木花之佐久夜毘売が燃え盛る産屋の中で生んだことから火遠理命と名づけられた。また、『古事記』では天津日高日子穂穂手見命とも呼ばれている。この神様は、日本神話の「海佐知毘古と山佐知毘古」の主人公的存在であり、物語のなかで兄の火照命との権力闘争に勝利し、葦原中国の支配者となった。その後、豊玉毘売命と結婚し、神倭伊波礼毘古命の父となる鵜草葺不合命をもうけている。安産のご利益があるのは、天皇の祖先になったためだ。

神様トリビア ― 火遠理命という名前は五穀豊穣の意味をもつ

火遠理命の「火」は「穂」、「遠理」は「折り」のことで、稲が実って折れたわむ様子を表しているという。火遠理命が稲穂の神といわれる由縁だろう。

地位：稲穂の神
ご利益：五穀豊穣／豊漁／安産／一家繁栄
神社：青島神社（宮崎県宮崎市）

絵：伊藤サトシ

火遠理命

自然

知恵を授ける海と産業の神
塩椎神（しおつちのかみ）

登場 ■■■■□
名高さ ⛩⛩⛩⛩□
霊力 ❦❦❦❦□
慈愛 ♥♥♥♥♥

関連の深い神様

火遠理命 →P.156
神倭伊波礼毘古命 →P.170

第五章 日向神話

塩椎神（しおつちのかみ）

『古事記』では塩椎神、『日本書紀』では塩土老翁あるいは塩筒老翁など、複数の名前をもつ。名前の「塩椎（塩土）」は「潮ツ霊」や「潮つ路」を表しており、このことから潮流を司る神、航海の神と考えられている。そんな塩椎神が登場するのは、海佐知毘古と山佐知毘古の神話だ。この話の中で塩椎神は、兄の海佐知毘古から借りた釣り針をなくして困っていた山佐知毘古に対し、大綿津見神の宮殿に行くことを提案する。この助言のおかげで山佐知毘古はなくした釣り針を見つけ、将来妻となる豊玉毘売命とも出会えたのである。

迷える神様に進むべき道を示す

神様トリビア 困難に直面した神に的確な助言を与える

『日本書紀』では、国の統治に適した地を探していた神武天皇に「東の方向に行くといい」と助言した塩椎神。神々のアドバイザーとして各所で活躍したようだ。

地位 海の神／潮の神／呪術・予言の神　ご利益 海上安全／延命長寿／家内安全／安産守護／大漁／製塩　神社 鹽竈神社（滋賀県長浜市）

絵：米谷尚展

初代天皇の父を生んだ海の女神
豊玉毘売命（とよたまびめのみこと）

第五章 日向神話

豊玉毘売命

登場 ★★★★☆
名高さ ★★★★☆
霊力 ★★★★☆
慈愛 ★★★★☆

関連の深い神様
- 火遠理命 → P.156
- 玉依毘売命 → P.160

山佐知毘古として知られる火遠理命の妻である豊玉毘売命。火遠理命と結婚後、しばらくしてから鵜草葺不合命を生むが、これが原因で夫と離別することになる。海の神の娘である豊玉毘売命の真の姿は和邇だった。豊玉毘売命はその正体を火遠理命に隠して結婚するが、子を生む際に和邇の姿に戻ったところを見られてしまう。豊玉毘売命は恥ずかしかったのか、生まれたばかりの鵜草葺不合命を置いて実家に帰ってしまったのである。残された鵜草葺不合命は、豊玉毘売命の妹である玉依毘売命が育てたそうだ。

正体を知られ泣く泣く海に戻る

神様トリビア｜豊玉毘売命には母親にうれしいご利益がある

子を置いて実家に帰ってしまった豊玉毘売命だが、安産や子供にまつわるご利益があるとされ、現在は山梨県の山中諏訪神社や京都府の下鴨神社などに祀られている。

- 地位｜子授かり／縁結びの神
- ご利益｜開運厄除け／安産／殖産興業／子育て
- 神社｜若狭彦神社（福井県小浜市）

絵：中山けーしょー

農業

天皇家の始祖となる気高き農業神
鵜草葺不合命（うがやふきあえずのみこと）

登場：🟩🟩⬜⬜⬜
名高さ：⛩⛩⛩⛩⛩
霊力：🌀🌀🌀🌀⬜
慈愛：❤❤❤❤⬜

関連の深い神様

火遠理命
→P.156

玉依毘売命
→P.160

第五章　日向神話

鵜草葺不合命

神武天皇の父として語り継がれる

鵜草葺不合命は火遠理命と豊玉毘売命の子供。その名前は、鵜草葺不合命が生まれる際のエピソードに由来する。いよいよ子供が生まれるとなったとき、豊玉毘売命は海から陸に上がって、鵜の羽を葺草にした産屋を作りはじめた。しかし、完成前に陣痛がはじまり、子が生まれてしまったため、鵜草葺不合命（鵜草葺き合えず）と名付けられたそうだ。その後、この神様は玉依毘売命に育てられ、やがて鵜草葺不合命と玉依毘売命は結婚し、4柱の子をもうけた。その第4子がのちに大和朝廷を建国する神武天皇だ。

神様トリビア
鵜草葺不合命は後世で作られた創作の神？

皇室の神祖とされる神々は、穀物に関係した名前を冠するが、鵜草葺不合命はそれにあてはまらず、関連する逸話も少ない。そのため、この神様は創作という説もある。

地位：農業の神　ご利益：農業守護／夫婦和合／安産守護／開運／延命長寿／武運守護／芸道上達　神社：鵜戸神宮（宮崎県日南市）

絵：虹之彩乃

第五章　日向神話

母であり妻でもある女神
玉依毘売命（たまよりびめのみこと）

自然

玉依毘売命は、豊玉毘売命の妹で、鵜草葺不合命の養母となった女神。成人した鵜草葺不合命と結婚し、養母から妻となる。鵜草葺不合命との間に、五瀬命、稲氷命、御毛沼命、若御毛沼命（神倭伊波礼毘古命）の4柱を生んでいる。

絵：藤川純一

地位　水の神　　ご利益　子授け／安産／五穀豊穣／豊魚／商売繁盛／方位除け／災難除け　　神社　賀茂御祖神社（京都府京都市）

戦いで命を落とした神武天皇の兄
五瀬命（いつせのみこと）

農業

鵜草葺不合命と玉依毘売命の長男。神倭伊波礼毘古命が大和国へ向かった際、兄である五瀬命もそれに同行した。しかし難波国（現・大阪府）の登美能那賀須泥毘古という豪族と戦いになり、そこで流れ矢を受けて命を落としたという。

絵：藤川純一

地位　農業の神　　ご利益　農業守護　　神社　安仁神社（岡山県岡山市）

自然
相次ぐ不幸に絶望し自ら命を絶つ
稲氷命（いなひのみこと）

鵜草葺不合命と玉依毘売命の次男。五瀬命と同じく、神倭伊波礼毘古命とともに大和国へ向かう。五瀬命が亡くなったあと、紀伊を航海していた際に暴風雨に遭遇。兄が死に、天災にも見舞われ、絶望した稲氷命は船から飛び降りた。

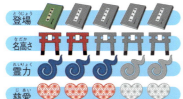

絵：日田慶治

地位 海の神　ご利益 —　神社 安仁神社（岡山県岡山市）

第五章　日向神話

稲氷命／御毛沼命

農業
不遇を嘆き兄とともに海に身投げする
御毛沼命（みけぬのみこと）

鵜草葺不合命と玉依毘売命の三男。稲氷命と同じく「母も叔母（豊玉毘売命）も海の神なのに、なぜ波風を立てて我々を溺れさせようとするのか」と嘆き、自ら命を絶った。別の伝承では死なずに高千穂に戻り、その地を治めたとある。

絵：佐藤仁彦

地位 農業の神　ご利益 —　神社 安仁神社（岡山県岡山市）

神話コラム ❺
参拝の作法
正しく参拝してご利益を授かる

作法を守って神様に礼儀を尽くそう

初詣や合格祈願など、誰でも神社に参拝する機会はある。その際、正しい作法・順序で願い事をしたほうが、神様にも聞き入れてもらいやすいはず。これを機に参拝の作法や手順を学んでおこう。特に手水舎で身を清める方法、神前での振る舞いは、覚えておきたい。

絵：中山けーしょー

その1
参拝する前〜手水舎まで

1. 帽子やサングラスを外しておく
2. 一番手前の鳥居をくぐって境内へ
3. 参道の両端を歩いて先へ進む

　参拝する前にサングラスや帽子は外しておくこと。鳥居が複数存在する場合は一番外側の鳥居をくぐって境内へ。このとき、一礼するのを忘れずに。参道の中央は神様が通る道なので端を歩いて手水舎へ向かおう。

その2
手水舎で身を清める

1. 右手でひしゃくを取って水を汲み、左手にかけて清める
2. 左手にひしゃくを持ちかえて右手を清める
3. 再び右手にひしゃくを持ちかえて左手に受けた水で口をすすぐ
4. もう一度左手に水をかける
5. ひしゃくを立てて柄の部分に水を流し、元の位置に伏せて置く

　手水舎とは、参拝者が身を清めるために使う施設のことで、参道や社殿の脇に設置されていることが多い。神前に向かう前に、上記の手順を参考にここで手や口を清めよう。なお、これらの手順は最初に汲んだ水ですべて行わなければならない。何度も水を汲み直すのは厳禁だ。

神話コラム❺ 参拝の作法

その3
神前で神様に願い事をする

1. まず一礼する
2. 鈴を鳴らす（鈴がない場合は3へ）
3. 賽銭箱に静かにお賽銭を入れる
4. 2回深くお辞儀をする
5. 2回拍手を打つ
6. 祈願・祝詞などを行う
7. 1回深くお辞儀する
8. 一礼する

神話コラム❺ 参拝の作法

まず神様に自分がきたことを伝えるために、鈴を力強く鳴らす。お賽銭を入れ、お辞儀と拍手を2回ずつ行い、願い事をしよう。このとき祝詞を奏上してもいい。最後に1回深くお辞儀をし、一礼してから立ち去ろう。

祈願前に祝詞を奏上する

祝詞は神職や巫女などが神様に捧げる祈りの言葉のこと。さまざまな種類があり、その内容も祝詞ごとに異なる。例えば、右に記載している「祓詞」は、「この身にある罪や穢れといった悪いものを取り払い、心身を清めてほしいので今から願い事をします。どうか叶えてください」という意味。神様からご利益やご加護を賜る前に唱えることで、その願いが届きやすくなるとされている。

■祓詞

掛けまくも畏き伊邪那岐大神。筑紫の日向の橘の、小戸の阿波岐原に御禊祓へ給ひし時に生り坐せる祓戸の大神達。諸諸の禍事・罪・穢有らむをば、祓へ給い清め給へと白す事を聞こし食せと、恐み恐みも白す。

第六章

人代

天下を安定して治められる地を求め、神倭伊波礼毘古命は高千穂から軍勢を率いて東へと向かった。天津神の助けを借りながら、さまざまな障害を乗り越え、敵対勢力を平定し、畝火の白檮原宮で初代天皇に即位する。

神武東征

九州を出発し大和を制圧

瀬戸内海を経由して機内へ

神倭伊波礼毘古命（のちの神武天皇）と兄の五瀬命は、「安らかに天下を治められるのはどこだろう」と相談し、東へ向かうことを決め、軍勢を率いて船に乗り、日向を発って筑紫へと進んだ。

豊国の宇佐で歓迎されたあと、筑紫の岡田宮に移動して、そこで1年を過ごす。そこから、阿岐国の多祁理宮で7年過ごし、次に吉備の高島宮で8年を過ごした。

そして、波速の渡を通過して白肩津に停泊すると、待ち構えていた登美能那賀須泥毘古の軍勢と戦いになった。

この戦いで、五瀬命が登美能那賀須泥毘古の射た矢にあたって大怪我をしてしまう。五瀬命は「日の神の御子として、日に向かって戦ったのがよくなかった。今から南に回りこんで、日を背にして戦おう」というので、紀伊半島沿いに南下した。しかし、紀国の男之水門に到着したとき、五瀬命は「卑しい奴から手傷を負って死ぬのか」と叫んで死んでしまうのだった。

天下を治める場所を求めて、軍勢を率いて旅立った神倭伊波礼毘古命（神武天皇）。その行く手には多くの困難が待ち受けていた。

神武天皇の東征ルート

- ① 宇沙
- ② 岡田宮
- ③ 多祁理宮
- ④ 高島宮
- ⑤ 白肩津
- ⑥ 熊野
- ⑦ 宇陀

危機を救った高天原の神々の支援

紀伊半島の南端に上陸した神倭伊波礼毘古命の軍勢が、熊野に着いたとき、大熊が現れてすぐに消えた。すると軍勢はみな気を失って倒れてしまった。

このとき、熊野の高倉下が太刀を持ってやってきた。すると、神倭伊波礼毘古命が目を覚まし、太刀を受け取ると、熊野の荒々しい神々は自然に切り倒されていった。

高倉下によると、この太刀は建御雷之男神に授けられたもので、お告げに従って届けにきたのだという。この太刀の名は布都御魂といい、現在は石上神宮に鎮座している。

さらに、一行の道中を心配した高御産巣日神から、道案内として八咫烏が派遣された。

神倭伊波礼毘古命の軍勢が宇陀に進むと、そこには兄宇迦斯と弟宇迦斯の兄弟が待ち構えていた。兄宇迦斯は、御殿に罠を仕掛けて誘いこもうとしていたが、弟宇迦斯がそれを密告したため、自らの罠に追い込まれて命を落とした。

続いて忍坂に進むと、八十建が待ち構えていた。そこで、神倭伊波礼毘古命は、宴会もてなすふりをして料理人に刀を隠し持たせて斬り殺した。

そして、登美能那賀須泥毘古と再戦して五瀬命の敵を討ち、兄師木、弟師木を討って、ついに畿内を平定したのだった。

第六章 人代　神武東征

神武天皇の戦い

白肩津 vs 登美能那賀須泥毘古
- 五瀬命が負傷し迂回して熊野へ

熊野 vs 熊野の荒ぶる神々
- 高倉下の持参した布都御魂で斬り倒す
- 案内役として八咫烏が派遣される

宇陀 vs 兄宇迦斯・弟宇迦斯
- 弟宇迦斯の密告により自ら作った罠にはまり兄宇迦斯が死亡

忍坂 vs 八十建
- 宴会に招待し刀を隠し持った料理人に殺させる

不明 vs 登美能那賀須泥毘古（再戦）

不明 vs 兄師木・弟師木

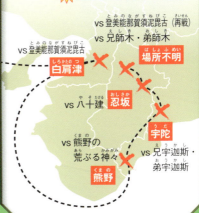

初代天皇として即位し神武天皇に

　敵をすべて倒した神倭伊波礼毘古命のもとに、邇芸速日命が現れ、「天津神の御子が天降ったと聞いたので、追いかけて降ってきました」といって、天津神の印の宝物を差し出した。

　こうして、神倭伊波礼毘古命は、従わないものを説得し、荒々しい神々を倒して、畝火の白檮原宮で初代天皇に即位し、神武天皇として天下を治め始めた。畝火とは、現在の奈良県橿原市の畝傍山の橿原神宮とされている。

　神武天皇は、大物主の子である比売多多良伊須気余理比売と結婚する。大物主は大国主神の優しく平和的な一面から現れたとされる神様で、『日本書紀』には、大国主神の別名とも記されている。

　大国主神は国津神なので、天津神の系譜の神武天皇と国津神の系譜の比売多多良伊須気余理比売との結婚によって、国津神と天津神の系譜がひとつになったことを意味する。

　神武天皇と比売多多良伊須気余理比売の間には、日子八井命、神八井耳命、神沼河耳命という3人の子供が生まれる。

　神沼河耳命は、のちに綏靖天皇となり、物語は神々の時代から天皇の時代、つまり人間の時代へと移っていく。

第六章　人代

神武東征

畝火の白檮原宮で即位

神武天皇は実在するのか？

神武天皇は、『古事記』『日本書紀』のどちらも、日本を建国した初代天皇であると記しており、即位したとされる旧暦1月1日を新暦に換算した2月11日が、「建国記念の日」となっている。

しかし、神武天皇が即位したとされる「辛酉の年」は、紀元前660年にあたり、日本はまだ弥生時代の前期であること。137歳という異常な長寿であることから、実在が疑問視されてきた。

そのため、現在の歴史研究者たちの間では、複数の実在する人物の事績や功績、人物像などをまとめて、ひとりの人物の事績としたという考えが主流となっている。

ただし、功績や即位年、寿命などは誇張されているが、実在するという歴史研究者も存在する。

ちなみに、過去のギネスブックには、日本の皇室が「最古の王家」に認定されていたが、現実的な始まりは4～10世紀としていた。

第六章　人代

神武東征

神様豆知識 ❷ 神話の不思議な共通点

世界各国の神話を比べると、同じような内容の神話が多数見つかる。例えば、伊邪那岐神の黄泉の国訪問はギリシア神話のオルペウスの神話は内容がそっくりだ。日本とギリシアの地理的、時間的な距離を考えると、とても不思議で面白い話だが、ほかにも世界の神話には類似例が多数あり興味深い。

■古事記の世界と神話の類似例

古事記	神話形式	概要	代表的な神話
黄泉の国訪問	オルペウス型	死んだ妻を連れ戻すために冥界を訪れるが、「見るな」のタブーを犯して失敗する。	オルペウスの冥府くだり（ギリシア神話）など
黄泉の国訪問	呪的逃走型	主人公が逃走する際、背後に投げた物が障害物などになって追っ手を妨害する。	カレワラ（フィンランドの叙事詩）など
岩戸隠れ	隠れた太陽型	太陽が洞窟や山の後ろに隠れてしまい、動物たちや神々が協力して呼び戻す。	デメテル神話（ギリシア神話）など
大宜都比売神	ハイヌウェレ型	人間や神、霊などが死に、その各部位や断片からさまざまな種類の作物が発生する。	ハイヌウェレの神話（ヴェマーレ族）など
海佐知毘古と山佐知毘古	失われた釣針型	なくしてしまった釣針を探して、海底の国を訪れる。	アトモロコトの神話（パラオ島の神話）など
大国主の神話	課題婚型	結婚に際して親族などから難題を与えられ、解決すると結婚が許される。	金羊毛伝説（ギリシア神話）など

第六章 人代

神武東征で知られる建国の神
神倭伊波礼毘古命
(かむやまといわれびこのみこと)

- 登場 ★★★★★
- 名高さ ★★★★★
- 霊力 ★★★★★
- 慈愛 ★★☆☆☆

関連の深い神様

玉依毘売命 → P.160

邇藝速日命 → P.171

苦難を乗り越えて大和王朝を建国

大和朝廷の始祖として知られる初代天皇。『古事記』では神倭伊波礼毘古命、『日本書紀』では神日本磐余彦尊とされている。『日本書紀』においては、塩椎神から「国を治めるなら東に行くといい」と助言を受け、五瀬命らとともに東へ向かった。神倭伊波礼毘古命は道中にある国々を制圧していき、やがて大和朝廷を作り上げる。苦難を乗り越えて大和朝廷を作ったことから、国家安泰や困難克服の神徳があるとされるほか、火遠理命と豊玉毘売命の子である鵜草葺不合命の血を引いているため、穀物の神とも考えられている。

神様トリビア
神武天皇という名前は後世でつけられたもの

神倭伊波礼毘古命は「神武」と呼ばれるが、これは本人が自ら名乗ったわけではなく、奈良時代の文人として知られる淡海三船が神倭伊波礼毘古命の功績を称えてつけたものだ。

地位 建国の神　ご利益 鎮護国家／国家安泰／困難克服　神社 宮崎神宮(宮崎県宮崎市)

絵：虹乃彩乃

自然

のちに神武天皇に仕えた大和の神
邇藝速日命（にぎはやひのみこと）

第六章　人代

登場 ★★★★☆
名高さ ★★★★☆
霊力 ★★★★☆
慈愛 ★★★☆☆

関連の深い神様
- 天照大御神 → P.060
- 神倭伊波礼毘古命 → P.170

邇藝速日命

大和の神として豪族に祀られる

かつて奈良県の東南部を支配していた豪族・那賀須泥毘古（『日本書紀』では長髄彦）が奉じていた神様。大和朝廷を作る前に、神倭伊波礼毘古命は各地の豪族と戦ったが、とくに那賀須泥毘古の抵抗が激しかった。そんな人物が奉じるだけに、邇藝速日命は大きな力を秘めていたとされる。また、『日本書紀』では、神倭伊波礼毘古命が天照大御神の子孫であることを知った邇藝速日命は神倭伊波礼毘古命に抵抗する長髄彦を殺害し、土地と天津神から授かった宝を差し出して神倭伊波礼毘古命に仕えている。

神様トリビア　古代氏族の祖となった邇藝速日命
『古事記』によれば、邇藝速日命は那賀須泥毘古の妹である登美夜毘売と結婚し、宇麻志麻遅命をもうけた。この神様が日本古代氏族を代表する物部氏などの始祖とされている。

地位　太陽神／農業神　　ご利益　諸願成就／病気治癒　　神社　磐船神社（大阪府交野市）

絵：米谷尚展

農業

天孫降臨に同行した天照大御神の曾孫神

天香山命（あめのかぐやまのみこと）

第六章 人代

天香山命

神倭伊波礼毘古命の窮地を救う

登場 / 名高さ / 霊力 / 慈愛

神様トリビア　人々の生活水準を高めた天香山命

万葉集で詠まれるなど、天香山命は古来より愛されきた。これは製塩法や網を使った漁業、耕作方法を伝えるなどして、越後の産業開発に貢献したからだといわれている。

関連の深い神様
- 神倭伊波礼毘古命 →P.170
- 邇藝速日命 →P.171

天上の山「天香山」を名に冠する天香山命は、邇藝速日命の子で、天照大御神を曾祖父に、邇邇芸命を叔父にもつ。この神様は邇邇芸命とともに地上に降臨した32柱の1柱であり、地上では熊野に住んでいたそうだ。また、『古事記』や『日本書紀』には、神倭伊波礼毘古命が悪神に襲われた際、その窮地を救ったという活躍も記されている。塩椎神の助言を受けて東に向かった神倭伊波礼毘古命は、熊野で荒ぶる神の化身である大熊に遭遇。この熊の毒により、神倭伊波礼毘古命はピンチに陥るが、天香山命が布都御魂を届けたことで事なきを得たそうだ。

地位 農業の神／倉庫の神　ご利益 産業開発／農漁業守護など　神社 彌彦神社（新潟県西蒲原郡）

絵：日田慶治

武芸

悪神を退ける力を秘めた剣神
布都御魂（ふつのみたま）

- 登場：■■■■■
- 名高さ：⛩⛩⛩⛩⛩
- 霊力：🌀🌀🌀🌀🌀
- 慈愛：❁❁❁❁❁

関連の深い神様
- 建御雷之男神 →P.054
- 神倭伊波礼毘古命 →P.170

第六章 人代

その力が神武東征成功の鍵となる

布都御魂は、建御雷之男神が葦原中国を平定する際に用いた霊剣。『古事記』によると、神倭伊波礼毘古命が荒ぶる神の毒を受けて倒れた際、天照大御神らは建御雷之男神を派遣し、その窮地を救おうとした。しかし、建御雷之男神は天香山命の夢に現れて「布都御魂を遣わすので、それを神倭伊波礼毘古命に届けてくれ」と言い、布都御魂を授ける。その後、天香山命を通じて布都御魂を受け取った神倭伊波礼毘古命は、悪神を退けて東征を再開したそうだ。なお、『日本書紀』では天香山命ではなく高倉下という神様が布都御魂を届けている。

神様トリビア
御神体として石上神宮に祀られる布都御魂

大和朝廷成立後、布都御魂は物部氏の祖である宇麻志麻遅命の手により、御神体として宮中に祀られた。その後、崇神天皇の勅命により、石上神宮に移されている。

- 地位：剣の神
- ご利益：—
- 神社：石上神宮（奈良県天理市）

絵：双羽純

神から人の時代へ

天皇が統治する日本のはじまり

皇位を狙った多芸志美美命

神武天皇は、東征に出発する前の日向で、阿比良比売と結婚していた。そして、阿比良比売との間に、多芸志美美命、岐須美美命の2柱の子をもうけている。

神武天皇が崩御したあと、多芸志美美命は、神武天皇の皇后の比売多多良伊須気余理比売を娶り、3人の御子を殺そうとしていた。

それを知った比売多多良伊須気余理比売は、3人の御子にそれを知らせようと、危機を知らせる歌を詠んだ。3人の御子は、すぐに歌の意味を理解して、多芸志美美命を殺すことにする。

しかし、武器を渡された神八井耳命は、手足がわなないて多芸志美美命を殺すことができなかった。そこで、神沼河耳命（のちの綏靖天皇）は兄の持っている武器を取って、多芸志美美命を刺し殺す。神八井耳命はこのことを恥じて、三男の神沼河耳命に皇位を譲ることを決め、神官となって仕えることにしたのだった。

『古事記』の物語は、神武天皇の登場以降、葦原中国と神々の物語から日本と天皇の治世へと移行し、人間の時代が始まる。

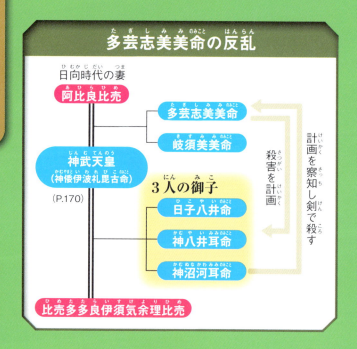

多芸志美美命の反乱

古代の英雄倭健命

これ以降の、『古事記』の中巻には、歴代天皇の事績やその時代の出来事が記されている。

しかし、第2代綏靖天皇から第9代開化天皇までの8代は、系譜が残るのみで、事績が記されていない。そのため「欠史八代」と呼ばれている。

事績が残されていないことから、この8代の天皇は実在しないとする説が主流になっているが、実在するという説も根強い。

第10代崇神天皇以降は、各天皇の治世の出来事が記されていく。特に、第12代景行天皇の時代の「倭健命の熊襲征伐、東国征伐」のエピソードは有名だ。倭健命は、古代の英雄として人気が高く、題材にした小説やマンガ、アニメ、映画などが多数制作されている。

また、第14代仲哀天皇の時代の「神功皇后の三韓征伐」も有名なエピソードだろう。

中巻は第15代応神天皇で終わり、下巻は第16代仁徳天皇から第33代推古天皇の事績が記されている。

ただし、第24代仁賢天皇から第33代推古天皇までの10代は、系譜のみが記されて、事績が記されていない。そのため「欠史十代」と呼ばれる。

ここからは、神武天皇以降の『古事記』に登場する神様、『日本書紀』などに登場する神様、民間信仰の神様などを紹介していこう。

その後の『古事記(中巻)』の流れ

- 神武天皇
- 綏靖天皇
- 安寧天皇
- 懿徳天皇
- 孝昭天皇
- 孝安天皇
- 孝霊天皇
- 孝元天皇
- 開化天皇

※各天皇の名前は奈良時代につけられたもので、「古事記」には記載されていません。 欠史八代

- 崇神天皇
  - 建波邇安王の反逆
- 垂仁天皇
  - 野見宿禰が当麻蹴速と相撲
- 景行天皇
  - 倭建命の熊襲征伐
  - 出雲建討伐
  - 倭建命の東国征討
- 成務天皇
- 仲哀天皇
  - 神功皇后の神がかり
  - 神功皇后の新羅遠征
- 応神天皇
  - 天之日矛の渡来

↓ 下巻・仁徳天皇～推古天皇へ

第六章 人代

神から人の時代へ

神話コラム ❻

神様と仏様

神仏の歴史を学ぼう

神社と寺院には決定的な違いがある

　神社と寺院の違いは祀っているものにあり、神様を祀っているなら神社、仏様を祀っているなら寺院ということになる。ここでいう神様とは、天照大御神などの日本古来の神々のこと。一方、仏様は仏教で祀られる「悟りを開いたひと」のことだ。ところが、現在の日本では「神様仏様」というように、同様の存在として扱われている。こうなった理由は歴史を紐解くと見えてくる。

　仏教が伝来した6世紀中期は、日本の神々と仏様は対立する関係で、異国の神と呼ばれることもあった。しかし、6世紀末期には、神様と仏様は切り離され、寺は仏教の修練を行う神聖な場と考えられるようになる。

　そして平安時代に入り、それまで以上に仏教が盛んになると、神様は仏様の仮の姿という考え方「本地垂迹説」が主流になる。この時代では神様＝仏様とされ、神様と仏様を同一視する「神仏習合」が進められた。これにより、伊邪那岐神＝薬師如来など、神様は仏様と結びつけられていったのだ。

　その後、明治新政府によって「神仏分離令」が出され、神様と仏様をはっきりと区別するようになるが、長年仏様を親しんできたためか、現在も仏様を神様の仲間として扱うようになったのだ。

神話コラム ❻ 神様と仏様

時代ごとの神様と仏様の関係

　当初は対立していた神様と仏様だが、じょじょに友好的な関係を築き、奈良時代末期には神様＝仏様と同一視されるようになる。しかし、鎌倉時代以降、その考えに変化が訪れ、明治時代には再び別のものとして区別されることになった。

日本に仏教が伝来
（540年頃）

ほかの国の神様が日本にやって来た!!

神様	対立	仏様（蕃神）
物部氏		蘇我氏

神仏習合によって神様＝仏様となる

平安時代中期になると、仏様は人々を救うために神様という仮の姿で現世に現れたとする「本地垂迹説」が流行する。この考えが一般的だった当時は、天照大御神＝大日如来などと、神様と仏様が同一視されたのである。それぞれの神様がどのような仏様と結びつけられたのか、ここではその一部を紹介しよう。

神話コラム⑥ 神様と仏様

天照大御神（大日如来）

天照大御神（P.060）
高天原の主宰神である天照大御神は、宇宙の真理を神格化した大日如来の仮の姿とされた。

伊邪那岐神（薬師如来）

伊邪那岐神（P.022）
伊邪那岐神の真の姿は、東方浄瑠璃世界の教主を務める薬師如来と考えられた。

伊邪那美神（千手観音）

伊邪那美神（P.023）
観音菩薩から生まれた42本の手をもつ仏、千手観音の仮の姿が伊邪那美神だという。

奈良時代 (590年頃)	奈良時代末期〜平安時代 (750年頃〜790年頃)
神様と仏様は 性質が違うことを理解	神様は仏法を守護する 護法善神に
神様 神宮寺 ⇔ **仏様** 神社を勧誘 神様が仏教に帰依　友好的　寺の守護神	神様 仏様

次ページへ

第七章

その他の神々

古代の英雄・倭健命や神功皇后、伝説の宰相・建内宿禰など、日本にはまだまだたくさんの神様がいる。『古事記』中巻以降や『日本書紀』などの各種文献、民衆に信仰されてきた神様の存在を忘れてはならない!

武芸

各地を征伐して回った武の英雄
倭建命（やまとたけるのみこと）

- 登場：■■■■□
- 名高さ：⛩⛩⛩⛩⛩
- 霊力：♪♪♪♪♪
- 慈愛：♥♥♥♥□

関連の深い神様
- 建速須佐之男命 →P.062
- 弟橘比売命 →P.181

『日本書紀』では日本武尊と記される

第12代景行天皇の第3子で、幼名は小碓命という。彼は父に、食事の席に出てこなくなった兄・大碓命を連れ出すよう命じられると、兄を殺してしまった。彼の気性の荒さに恐れを覚えた天皇は、九州の熊襲兄弟の討伐を命じる。これが彼の東奔西走の始まりだった。

倭建命の名は、熊襲兄弟の兄を打ち取った際に弟から献上された名だという。熊襲を亡ぼすと帰路で出雲に寄り、出雲健を征伐。この報告後に今度は東国への征伐を命じられる。度重なる征伐の旅の中で、倭建命は命を落としたという。

第七章　その他の神々　倭建命

神様トリビア　倭建命を道具で支えた叔母・倭比売命の尽力

倭比売命は彼の武勇の陰の功労者で、熊襲征伐では彼女の貸した衣服で女装し相手を油断させた。また東国征伐では三種の神器のひとつ・天叢雲剣と火打石を与えている。

- 地位：武神／農業神
- ご利益：国土平定／縁結び
- 神社：氣比神宮（福井県敦賀市）

絵：伊吹アスカ

預言者・巫女

荒ぶる海神を鎮めた献身の女神
弟橘比売命
おとたちばなひめのみこと

登場 ▪▪▪▪▪
名高さ ⛩⛩⛩⛩
霊力 🌀🌀🌀🌀
慈愛 ♥♥♥

関連の深い神様

倭建命
→P.180

息長帯比売命
→P.182

倭建命の妻で、『日本書紀』では穂積氏忍山宿禰の娘。弟橘比売命は倭建命の東征に同行しており、天叢雲剣が「草薙剣」と呼ばれるようになった相模国の火攻めにも立ち会っている。

走水の海（神奈川県の浦賀水道）が荒れて船が進めなくなったときのことだ。弟橘比売命は自らその身を捧げることで渡の神を鎮め、夫の進路を拓いたという。倭建命が東国征伐を果たした際、妻の犠牲を嘆いて「吾妻はや（我が妻よ）」とつぶやいたことから、日本の東部を「吾妻」と呼ぶようになったという。

第七章 その他の神々

弟橘比売命

その身を賭して夫の活路を開いた

神様トリビア
縁結びで知られる神社は倭健命が妻を偲んだ場所

弟橘比売命が祀られている吾妻神社（神奈川県）は、海辺に流れ着いた彼女の櫛を倭健命が拾い、吾妻山の山頂に埋めて在りし日を偲んだことが由来になっているという。

地位 海の神を祀る巫女の神格化　ご利益 縁結び／献身　神社 吾妻神社（神奈川県中郡）

絵：磯部泰久

武芸

三韓征伐を成し遂げた軍の女神
息長帯比売命

登場 📗📗📗📗📘
名高さ ⛩⛩⛩⛩⛩
霊力 🌀🌀🌀🌀🌀
慈愛 ♥♥♥♥♥

関連の深い神様

住吉三神 → P.069 ／ 建内宿禰 → P.186

第14代仲哀天皇の皇后で、神功皇后の名で知られる軍神。神と交感する力をもった巫女であったともいわれ、夫亡きあと、神託を受けて新羅へと攻め込んだ。大小の魚が船を背負って運び、その進路を手助けしたという。新羅は降伏し、続けて高句麗と百済も白旗を挙げた。これを「三韓征伐」という。

このとき彼女は妊娠していたが、月延石（鎮懐石）を腹に当てることで出産を遅らせ、帰路の途中、筑紫でのちの応神天皇を出産した。この月延石は3つあったといい、それぞれ別の神社に奉納されたという。

住吉三神の加護を受け身重で海を渡る

神様トリビア
すべては神の御心のまま成功を収めた女傑
仲哀天皇は神託を信じなかったばかりに急死したという。対して彼女は神託どおりに三韓征伐を行い成功。その後に起きた内乱を鎮めたうえ、100歳まで生きたという。

第七章 その他の神々
息長帯比売命

地位 軍神　**ご利益** 平定／安全　**神社** 住吉大社（大阪府大阪市）

絵：日田慶治

預言者・巫女

神を宿し天皇を支えた予知と預言の巫女
夜麻登登母母曾毘売命（やまととももそびめのみこと）

- 登場
- 名高さ
- 霊力
- 慈愛

関連の深い神様

- 大物主 → P.120
- 大吉備津日子命 → P.184

第七章 その他の神々

三輪山の大物主を憑依させて神託を得る

夜麻登登母母曾毘売命

第7代孝霊天皇の娘で、兄弟に大吉備津日子命や孝元天皇がいる。『日本書紀』には聡明な巫女として、災害や謀反の予見をするなど、予知や預言によって第10代崇神天皇を助けたエピソードが残されている。

のちに大物主と結婚し、「開けても驚いてはいけない」と櫛の箱を渡されている。中には蛇が入っており、それが大物主の正体であることを知り驚いてしまったために、大物主は姿を消してしまった。嘆き悲しんだ彼女は、局部に箸が刺さって死んでしまった。そのため彼女の墓を箸墓という。

神様トリビア
天皇を助けた巫女でなく彼女自身が女王だった？
彼女が埋葬された箸墓古墳の大きさが『魏志倭人伝』に記された卑弥呼の墓の大きさとほぼ一致することから、彼女が邪馬台国の女王・卑弥呼の正体とする説もある。

地位 — ご利益 所願成就／家内厄除け 神社 田村神社（香川県高松市）

絵：米谷尚展

武芸

四道将軍として西道に祭祀を広めた武神
大吉備津日子命

- 登場 ■■■■□
- 名高さ ⛩⛩⛩⛩⛩
- 霊力 ☯☯☯☯☯
- 慈愛 ♥♥♥♥♥

関連の深い神様

- 倭建命 →P.180
- 夜麻登登母母曾毘売命 →P.183

吉備国にて鬼退治伝説をもつ

第7代孝霊天皇の子で、夜麻登登母母曾毘売命の弟であるとされる。『日本書紀』によると元は五十狭芹彦命という名で、吉備国を平定した功績で吉備津彦命※の名を得たという。

崇神天皇から地方へ祭祀を広げるべく選ばれた四道将軍のひとりで、西道（山陰地方）に派遣された。進軍途中で起きた建波邇夜須毘古命の反乱鎮圧のため呼び戻され、反乱軍を打ち破っている。その後、西道を平定、吉備国に土着し、有力豪族吉備氏の源流になったとされる。岡山県にある中山茶臼山古墳は彼の墓だといわれている。

神様トリビア：鬼の一族を討ち桃太郎のモチーフに？

吉備津神社には桃太郎のもとになったとされる「鬼退治」の逸話が残っている。吉備国には温羅という鬼の一族がおり、これを大吉備津日子命が成敗したというのだ。

地位	ご利益	神社
武神	五穀豊穣／武運長久	吉備津神社（岡山県岡山市）

※吉備津彦命：大吉備津日子命の『日本書紀』での表記。

第七章 その他の神々 大吉備津日子命

絵：月岡ケル

航海と土地を司る渡来人の神
天之日矛(あめのひぼこ)

登場 ★★★★★
名高さ ★★★★★
霊力 ★★★★★
慈愛 ★★★★★

関連の深い神様

大国主神 → P.108

息長帯比売命 → P.182

第七章 その他の神々

天之日矛

天之日矛はもともと新羅の王子で、妻を追って渡来し但馬国(現・兵庫県北部)に定住した。

新羅のアグヌマという沼でひとりの女が寝ていると、陰部に日光が差し、女は身ごもって赤い玉を生んだという。その玉は巡り巡って天之日矛の手に渡り、美しい少女に姿を変え彼の妻となった。少女はよく尽くしたが、ある日、図に乗った天之日矛が彼女を罵ると「故郷に帰る」と言って日本の難波へと去ってしまう。追いかけたものの、土地の神に阻まれて難波に入ることができずに但馬国に流れ着き、現地の女と結婚したという。

玉から生まれた妻を追って渡来した

神様トリビア：航海の安全を司る神との関連性も窺える

天之日矛は8種の神器を持っており、それらは風や波を鎮める航海に関する呪具だったという。息長帯比売命は彼の子孫にあたるので、航海に縁のある血筋だといえるだろう。

地位 国土開発の神／農業神
ご利益 土地開発
神社 出石神社(兵庫県豊岡市)

絵：中山けーしょー

驚異的な長寿で天皇を支え続けた忠臣

建内宿禰
(たけしうちのすくね)

第七章 その他の神々

建内宿禰

- 登場
- 名高さ
- 霊力
- 慈愛

関連の深い神様

息長帯比売命
→ P.182

誉田別尊
→ P.197

　第8代孝元天皇の孫とされ、飛鳥時代の有力氏族・蘇我氏の祖先ともいわれている。第13代成務天皇の寵愛を受けて大臣に任命されて以降、4代の天皇に仕えた。第14代仲哀天皇が神託を無視して急死したのち、神託を乞い直し、息長帯比売命の三韓征伐を決定づけた。第15代応神天皇の代では気比大神との名の交換で天皇を引率したり、天皇の子・大雀命と髪長比売の結婚を仲介した。また渡来人を率いて百済池を作るなど、その功績は数え切れないほどだ。
　驚異的な長寿で、200～360年も生きたといわれている。

息長帯比売命の朝鮮遠征にも尽力

神様トリビア
あまりに人間離れした長い生涯の真相は？

　長寿の神としても信仰されているが、そのあまりにも長い人生から、架空の人物、または役職の名ではないかという説もある。現に「宿禰」は天皇が定めた姓のひとつでもある。

地位 ― ご利益 忠義／忠誠／長寿 神社 氣比神宮（福井県敦賀市）

絵：七片藍

武芸

三種の神器のひとつ・草薙剣の神格化

熱田大神（あつたのおおかみ）

登場 ■■■□□
名高さ ⛩⛩⛩⛩□
霊力 〰〰〰〰〰
慈愛 ♥♥♥♡♡

関連の深い神様

天照大御神 → P.060

倭建命 → P.180

第七章　その他の神々

熱田大神

剣を神体とする天照大御神

　熱田大神は三種の神器のひとつである草薙剣（天叢雲剣）の神。一説ではこの剣を神体とする天照大御神のことだとされている。

　持ち主であった倭建命は、父である景行天皇から命じられた東国平定の帰路、尾張国造の館に留まりその娘の美夜受比売を后とした。しかし伊吹山の賊を平定しに出かけた先で、病に倒れ亡くなってしまう。美夜受比売は占いによって熱田の地を社地として選び、残された草薙剣を祀った。これが熱田神宮の創祀であり、夫婦もともに祭神として祀られている。

神様トリビア
「熱田さん」と親しまれる土地の神としての一面も

熱田大神は土着の神としても信仰され、神宮内には天照大御神、建速須佐之男命、倭建命のほか、尾張の開拓神・建稲種命、美夜受比売命を祀る五座が置かれている。

地位 剣神／太陽神　　ご利益 国土安穏／家門隆昌　　神社 熱田神宮（愛知県名古屋市）

絵：NAKAGAWA

187

農業

夫婦喧嘩を仲裁した和合と縁結びの神
菊理媛神（くくりひめのかみ）

第七章　その他の神々

菊理媛神

- 登場
- 名高さ
- 霊力
- 慈愛

関連の深い神様

伊邪那岐神　→P.022

伊邪那美神　→P.023

　菊理媛神は『日本書紀』に登場する女神だが、その活躍はただ一度のみ。しかしのちに関わる重要な役割を担っている。
　地上にて神生みを命じられた伊邪那岐神と伊邪那美神だったが、伊邪那美神は火の神を生んだ際のやけどで亡くなってしまう。悲しんだ伊邪那岐神は黄泉の国まで妻を迎えに行くも、変わり果てた姿に逃げ出してしまった。口論する2神を仲裁したのが菊理媛神だという。仲直りした2神はその後、天照大御神をはじめとする神々を生んだ。このことから縁結びの神として祀られている。

> 男女の仲を「くくる」白山の女神

神様トリビア
航海の指標や修験地として信仰を集める白山

菊理媛神は白山比咩神社の祭神としても知られ、白山比咩大神とも呼ばれている。白山は日本三大霊山のひとつであり、雪を頂く「白き神々の座」として信仰を集めている。

地位　白山の神／農業神　　ご利益　五穀豊穣／牛馬安産　　神社　白山比咩神社（石川県白山市）

絵：池田正輝

武芸

火之迦具土神の血から生まれた剣の神
経津主神（ふつぬしのかみ）

- 登場 ★★★★★
- 名高さ ★★★★★
- 霊力 ★★★★★
- 慈愛 ★★★★★

関連の深い神様
- 建速須佐之男命 → P.062
- 布都御魂 → P.173

『日本書紀』に登場する、神剣・布都御魂を神格化した刀剣の神。名の「経津」は物を断ち切る様子を表している。伊邪那岐神が火之迦具土神を切った際に十拳剣から滴った血より生まれた神の1柱だが、滴った血が五百箇磐石となり、そこから生じたという説と、その石から岩折神と根折神が生まれ、その子孫だという説もある。

経津主神は、建御雷之男神とともに国譲りの最後の使者としても知られる。出雲国の稲佐の小汀にて十拳剣を突き立て、武威を表すことで大国主神の説得に成功したという。

武威で説得を図った国譲りの功労者

第七章 その他の神々

経津主神

神様トリビア
豪族の祖神として存在を分かたれた神

同じく布都御魂の神格化である建御雷之男神とは同一神と考えられている。しかしそれぞれ、経津主神は物部氏、建御雷之男神は中臣氏（藤原氏）の祖神として祀られている。

- 地位 剣神／武神／軍神
- ご利益 出世／開運招福
- 神社 香取神宮（千葉県香取市）

絵：磯部泰久

第七章 その他の神々

賀茂別雷命

農業

雷の神威であらゆる災厄を退ける守護神
賀茂別雷命
（かもわけいかづちのみこと）

登場 ★★★★☆
名高さ ★★★★☆
霊力 ★★★★☆
慈愛 ★★★★☆

関連の深い神様
大山咋神 →P.125
玉依毘売命 →P.160

矢との間に生まれた うら若き雷神

記紀神話には登場せず、『山城国風土記』の賀茂伝説にのみ逸話が残っている。玉依毘売命が賀茂川で遊んでいると、赤く塗られた丹塗矢が流れてきた。その矢を拾って床に飾ったところ、彼女は間もなく妊娠したという。生まれた男児が成人を迎えると、祖父にあたる賀茂建角身命は大きな建物を作り、七日七夜の宴を催して「父と思う者に酒を飲ませよ」と言った。するとその子は盃を天に捧げ、そのまま屋根を突き破って天へと昇って行ってしまった。これによって父親が雷神であることがわかったという。

神様トリビア
丹塗矢で玉依毘売命に近づいた神の正体は？

丹塗矢は女性に近づくための神の依代としてたびたび神話に登場する。玉依毘売命が拾った矢は、乙訓坐火雷神の化身といわれているが、大山咋神という説もある。

地位 治水神／農業神　ご利益 諸災厄除け／開運　神社 賀茂別雷神社（上賀茂神社）（京都府京都市）

絵：池田正輝

武芸

相撲と埴輪の起源となった文武両道の神
野見宿禰
（のみのすくね）

登場	■■■■□
名高さ	⛩⛩⛩⛩⛩
霊力	🌀🌀🌀🌀🌀
慈愛	♥♥□□□

関連の深い神様

天之菩卑能命
→P.080

天手力男神
→P.093

第13代出雲国造（出雲大社宮司）の襲髄命の別称であるといわれている。『日本書紀』によると、垂仁天皇の時代に当麻蹴速という力自慢がいた。垂仁天皇が「彼に匹敵する者はいないか」と尋ねた際、推薦されたのが野見宿禰だった。野見宿禰は早速呼び出され、当麻蹴速と御前試合を行うことになり、見事勝利したという。この試合が相撲の起源だといわれている。

その後、朝廷に仕えることになった野見宿禰は、天皇が亡くなると行われる殉葬を取りやめ、代わりに埴輪を納める葬儀を考案したという。

力と知恵を兼ね備えた剛力の勇士

神様トリビア
天皇の葬儀や古墳に関わる土師氏の祖先に

殉葬を廃止するきっかけを作った野見宿禰は、この功績から天皇より土師職に任じられ、焼き物に適した土地を与えられた。力だけでなく機転も利く人物だったようだ。

第七章　その他の神々

野見宿禰

地位 相撲の神　ご利益 技芸向上／勝利祈願　神社 野見宿禰神社（東京都墨田区）

絵：佐藤仁彦

糸を紡ぎ機を織る縁結びの神
稚日女尊（わかひるめのみこと）

第七章 その他の神々 — 稚日女尊

- 登場
- 名高さ
- 霊力
- 慈愛

関連の深い神様

天照大御神 → P.060

建速須佐之男命 → P.062

岩戸隠れのきっかけになった女神

『古事記』においては神服を織っていた衣服の神で、天服織女と同一視されている。『日本書紀』でも高天原での誓約のあと、建速須佐之男命が行った狼藉の被害者として登場する。ある日、稚日女尊が機殿で仕事をしていると、建速須佐之男命が皮をはいだ馬をその中に投げ入れた。驚いた彼女は機織り道具で体を刺してしまい、死亡。天照大御神はこれに激怒し、岩戸隠れのきっかけになった。

稚日女尊の名は「稚くみずみずしい日の神」という意味で、天照大御神の幼名、または妹神であるといわれている。

神様トリビア
『日本書紀』では、海難から救う神としても登場

『日本書紀』では神功皇后の三韓征伐の帰路、船が進まず難儀していた一行の前に現れ、救った神として登場する。その際、自分を生田の地（兵庫県）に祀るよう神託を下している。

- 地位：機織の神／祈雨の神
- ご利益：健康祈願／恋愛成就
- 神社：生田神社（兵庫県神戸市）

絵：日田慶治

自然

高い神格をもつ稲穂と太陽の神
天火明命（あめのほあかりのみこと）

- 登場
- 名高さ
- 霊力
- 慈愛

関連の深い神様

天之忍穂耳命 →P.079
邇邇芸命 →P.144

第七章 その他の神々

天火明命

多種多様な名と立場をもつ

天之忍穂耳命の第一子で、邇邇芸命の兄といわれている。天孫降臨ののち、邇邇芸命と別れて現在の丹後に降り、丹後・丹波地方（京都府）を開拓したという。名は穂赤命とも書き、稲作に関係する側面と太陽神としての側面をもち合わせている。

異名がとても多く、さまざまな神と同一視されている。天照国照彦火明命の名は邇邇芸命の別名でもあり、同一神として見られることもあるようだ。また『日本書紀』では邇邇芸命の子であるという説もある。また賀茂別雷命と同一神として見られることもあるようだ。

神様トリビア｜有力な神々と同一視される神格の高さ

多様な名で呼ばれるが、総じて尾張氏の祖神として扱われている。また、ほかにも饒速日命と同一、『播磨風土記』では大国主神の子ともいわれており、高い神格を誇っている。

 地位　太陽神／農業神　 ご利益　事業守護／機織守護　 神社　真清田神社（愛知県一宮市）

絵：藤川純一

193

農耕の起源となった食物の女神
保食神（うけもちのかみ）

第七章　その他の神々

保食神（うけもちのかみ）

- 登場：■■■■■
- 名高さ：⛩⛩⛩⛩⛩
- 霊力：🌀🌀🌀🌀🌀
- 慈愛：❤❤❤❤❤

関連の深い神様

- 月読命 →P.061
- 大宜都比売神 →P.041

海の幸山の幸をその口から生み出す

『日本書紀』にのみ登場する神で、天から降りてきた月読命の接待役を天照大御神から仰せつかっている。その接待方法は、口からさまざまな食物を吐き出し振る舞うというもの。それを見た月読命は汚いと激怒し、保食神を斬殺してしまう。その死体の各所から牛馬、蚕、稲や稗といった五穀が生じたという。月の暦は農業と関わりが深いため、これは農耕の起源を表すと考えられている。

これとほぼ同じ話が『古事記』にも存在しており、こちらは建速須佐之男命と大宜都比売神が登場する。

神様トリビア
保食神斬殺が太陽と月を別つきっかけに

月読命が保食神を斬殺したことで、天照大御神はもう月読命とは顔を合わせたくないと激怒した。これによって太陽と月は別々に空に姿を現すようになったという。

地位	ご利益	神社
五穀の神／養蚕の起源神	商売繁盛／家内安全／開運	岩内神社（北海道岩内郡）

絵：竜胆ヒマワリ

工業

三上山に降臨した土地と鍛冶の守護神
天之御影命（あめのみかげのみこと）

- 登場
- 名高さ
- 霊力
- 慈愛

関連の深い神様：天目一箇神／天津麻羅 → P.089

第七章　その他の神々

天之御影命（あめのみかげのみこと）

　天之御影命は孝霊天皇の御代に滋賀県の三上山の頂に降臨し、以来、周辺地域の氏神となった。安国造の一族によって祀られ、土着の田や水の神として信仰されている。

　もともとは鍛冶の神であり、金工鍛冶の祖神としても知られる。このことから『日本書紀』に登場する金工鍛冶の神・天目一箇神と同一の神とされることもある。この神は岩戸隠れの際や、国譲りのあとに神具を作った神で、天津日子根命の子であるとされる。同じく鍛冶の神である天津麻羅とも同一視される。

他の鍛冶の神と同一視される

神様トリビア　「1つ目」の名に見る鍛冶の神の職業病

　天目一箇神は1つ目で、これは鍛冶が鉄の温度を見るのに片目をつむったり、片目を失明しやすいからだという。天津麻羅の名も片目を意味する「目占」から来ているという。

地位：鍛冶の神／刀工の神　ご利益：交通安全／火の神／水の神　神社：御上神社（滋賀県野洲市）

絵：佐藤仁彦

195

自然

木材加工全般を守護する木の神

大屋都比売神(おおやつひめのみこと)

登場
名高さ
霊力
慈愛

関連の深い神様

建速須佐之男命 → P.062

大屋毘古神 → P.111

第七章 その他の神々

大屋都比売神(おおやつひめのみこと)

建速須佐之男命の子で、兄である大屋毘古神(『日本書紀』では五十猛命)、妹の抓津姫命とともに日本中に木々の種をまいた女神だ。

父の命により八十木種をまき始めた兄を助け、全国にくまなく種をまき終えたあとは現在の和歌山県に鎮座したという。日本を緑豊かな国にした神の1柱だが、彼女の役割はその後の材木利用や木材加工業を広めたことのほうが大きかった。名の「屋」は家屋を表し、樹木を使った建造物、薪や炭などの加工品の守護神として信仰されている。

植樹した木々の利用法を広める

神様トリビア
日本の樹木の起源は建速須佐之男命の体毛?

まかれた種は大屋毘古命が高天原から持ってきた説と、建速須佐之男命の体毛から生じたという説がある。髭は杉に、胸毛は檜、尻毛は柀、眉毛は楠になったという。

地位 木種の神／木製品の神 **ご利益** 林業・建築業守護／船具・住宅守護 **神社** 大屋都姫神社(和歌山県和歌山市)

絵:日田慶治

誉田別尊（ほむたわけのみこと）

分祀の数は全国随一の武門の神

登場： 📘📘📘📘📘
名高さ： ⛩⛩⛩⛩⛩
霊力： 🌀🌀🌀🌀🌀
慈愛： 💗💗💗💗💗

関連の深い神様
息長帯比売命 → P.182

天皇としては文化の発展に貢献

息長帯比売命（神功皇后）の子、第15代応神天皇のことで、誉田別は諱（生前の名）。先代天皇が死去したとき、まだ胎内にいたことから「胎中天皇」とも呼ばれる。

神としては八幡様の愛称で知られている。八幡大神は誉田別尊の神霊（死後に神になること）で、第29代欽明天皇の時代に大分県宇佐の地に初めて示顕した。のちに源氏の氏神として崇められることでその名が知られ、武芸や弓矢の神として全国的に広まっていく。現在では4万以上の社が作られ、分祀の数は随一といわれている。

神様トリビア：誉田別尊の天皇としての功績

三韓征伐後に筑紫国で生まれた誉田別尊は、即位後、百済からの帰化人の受け入れ、中国の文芸・工芸を積極的に取り入れるなど、日本文化の基礎を築き、発展させた。

地位： 武神／文教の祖神
ご利益： 国家鎮護／殖産興業／勝運招来
神社： 宇佐神社（大分県宇佐市）

第七章　その他の神々

誉田別尊

絵：佐藤仁彦

第七章 その他の神々

伊奢沙別命

航海、産業、食物を守護する敦賀の神
伊奢沙別命(いざさわけのみこと)

登場 ▮▮▮▯▯
名高さ ⛩⛩⛩⛩⛩
霊力 🌀🌀🌀🌀🌀
慈愛 ♥♥♥♥♡

関連の深い神様
息長帯比売命
→ P.182

陸海で神威を発揮する北陸道総鎮守

　伊奢沙別命は２千年以上前に福井県敦賀の地に降りた神で、海では航海安全と水産漁業の隆昌、陸では産業発展と衣食住の守護神として長く神徳を発揮している。

　敦賀の地は古くより大陸からの玄関口であり、日本海における海上交通の重要な地点として栄えていた。さらに海産物が朝貢される土地柄からか、笥飯大神、御食津大神とも称され、食物神としての一面ももち合わせている。航海・産業・食物という彼の神徳は、その土地の風土と結びついた結果ともいえるだろう。

神様トリビア
歴代皇族を含むさまざまな神が合祀される

伊奢沙別命を祀る氣比神宮には仲哀天皇が国家安泰の祈願を、またその妻である息長帯比売命が三韓征伐の帰りに参拝したという。ふたりは同神社に合祀されている。

地位 風の神／海の神／穀物神　　ご利益 海上交通／農業　　神社 氣比神宮（福井県敦賀市）

絵：佐藤仁彦

天地創造

美しく和歌の腕に優れた玉津島の明神
衣通姫（そとおしひめ）

登場
名高さ
霊力
慈愛

関連の深い神様

息長帯比売命 →P.182
住吉三神 →P.069

その艶色は衣すら通り抜ける

第19代允恭天皇の后で、和歌の道に秀でた絶世の美女として有名な玉津島神社の祭神のひとりだ。その美しさが衣を通して光り輝いていたことからこの名で呼ばれたというから、相当の美女だったのだろう。

第58代光孝天皇の夢枕に現れて和歌の浦の歌を詠んだことから玉津島神社に祀られた。息長帯比売命などと合祀されているが、玉津島明神といえば彼女を差す場合が多い。住吉明神、柿本人麻呂と合わせて和歌三神の1柱として数えられ、皇族、貴族はもちろんのこと、文人墨客から広く信仰されている。

第七章 その他の神々

衣通姫

神様トリビア　あの歌人もあやかった衣通姫のご利益
歌人はこぞって衣通姫を参詣していたといい、その様子は能や狂言などにも描かれている。物語には小野小町や在原業平、紀貫之、紫式部とそうそうたる面々が登場している。

地位　和歌の神　　ご利益　和歌・技芸上達　　神社　玉津島神社（和歌山県和歌山市）

絵：月岡ケル

商業

穀物神に仕え、市場の守り神となった巫女
大宮能売神（おおみやのめのかみ）

登場 / **名高さ** / **霊力** / **慈愛**

関連の深い神様

- 宇迦之御魂神 →P.123
- 天宇受売命 →P.092

第七章 その他の神々

大宮能売神（おおみやのめのかみ）

元は穀物を司る宇迦之御魂神に仕えた巫女だといい、伏見稲荷大社で宇迦之御魂神に付き従うような配置で祀られているのはその名残だとされる。のちに市場の守り手として神格化、信仰されるようになった彼女だが、市が発展していくにつれ、商売繁盛の神としても扱われるようになったという。

伏見稲荷大社では、宇迦之御魂神、大宮能売神、そして猿田毘古神で稲荷三座としている。このことから大宮能売神を猿田毘古神の妻であり、最古の踊り子といわれる天宇受売命の別名とする考えもある。

かの踊り子と同一視されることも

神様トリビア
時代に合わせて神格を変化・増幅

市場の守り手から商売繁盛の神となり、さらには百貨店の神、開業式神、開店式神といった肩書をもつ。商売福徳守護として七福神の大黒神と同じように信仰されている。

地位 市の神／食物神　**ご利益** 商売繁盛／所外成就　**神社** 伏見稲荷大社（京都府京都市）

絵：日田慶治

生活

家と産婦を守る箒に宿った神
矢乃波波木神（やのはははきのかみ）

登場
名高さ
霊力
慈愛

関連の深い神様
天照大御神 → P.060

第七章 その他の神々

良いものも悪いものも掃き動かす呪具

矢乃波波木神

　すべての物に神が宿るという八百万の神を信仰する日本らしい神の1柱で、矢乃波波木神は掃除用具である箒に宿る神だ。日本全国でも伊勢神宮の内宮でのみ祀られており、ここで天照大御神の敷地を守っていることから、家屋を守る屋敷神としての神格ももっている。
　「ハハキ」は箒の「掃く」動作の名詞形で、「母木」、つまり「命を産む木」に通じることから産神としても信仰されている。出産を穢れとした時代では、産神だけは産屋で産婦と胎児を守護することができるとされていた。

神様トリビア　跨ぐと罰が当たる？神聖な呪具「箒」
箒は霊魂を掃き動かす道具として、神秘的な力をもつと考えられ、妊婦の腹を箒で撫でると安産になる、逆さに立てると長居の客が帰るといったまじないも多く存在する。

地位　箒神／産神／屋敷神　　ご利益　家屋敷の守護／安産守護　　神社　伊勢神宮（三重県伊勢市）

絵：竜胆ヒマワリ

201

古事記 神々の系図

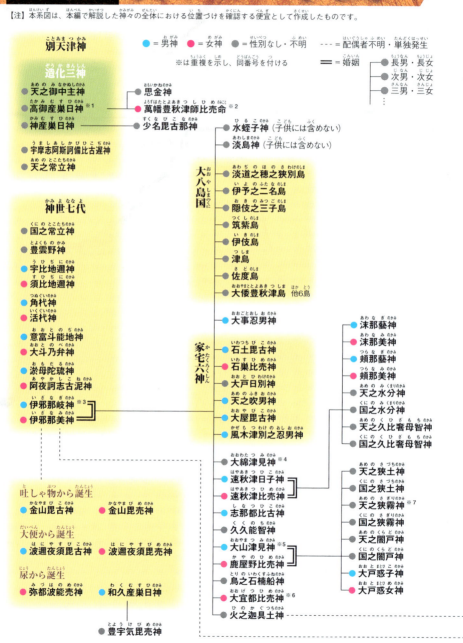

- 伊邪那岐神 ※3 ----- 涙から誕生 ● 泣沢女神

- 天之尾羽張(神) ----- 火之迦具土神を斬った天之尾羽張についた血から誕生
  伊邪那岐神が
  使った剣

  剣先の血から誕生
  - 石折神
  - 根折神
  - 石筒之男神

  刀の鍔の血から誕生
  - 甕速日神
  - 樋速日神
  - 建御雷之男神

  柄の血から誕生
  - 闇淤加美神
  - 闇御津羽神

禊によって誕生

脱いだ衣服・装飾品から誕生
- 杖から誕生 ● 衝立船戸神
- 帯から誕生 ● 道之長乳歯神
- 袋から誕生 ● 時量師神
- 衣から誕生 ● 和豆良比能宇斯能神
- 袴から誕生 ● 道俣神
- 冠から誕生 ● 飽咋之宇斯能神
- 左の腕輪から誕生 ● 奥疎神
- 左の腕輪から誕生 ● 奥津那芸佐毘古神
- 左の腕輪から誕生 ● 奥津甲斐弁羅神
- 右の腕輪から誕生 ● 辺疎神
- 右の腕輪から誕生 ● 辺津那芸佐毘古神
- 右の腕輪から誕生 ● 辺津甲斐弁羅神

左目から誕生 ● 天照大御神 ※8
右目から誕生 ● 月読命
鼻から誕生 ● 建速須佐之男命 ※9

三貴子

中流で身を清めたとき誕生
- 八十禍津日神
- 大禍津日神

禍を直すために誕生
- 神直毘神
- 大直毘神
- 伊豆能売神

水の底で身を清めたとき誕生
- 底津綿津身神
- 底筒之男命

中層で身を清めたとき誕生
- 中津綿津身神
- 中筒之男命

水面で身を清めたとき誕生
- 上津綿津身神
- 上筒之男命

綿津見三神
住吉三神

古事記 神々の系図

火之迦具土神の死体から誕生
- 正鹿山津見神
- 淤縢山津見神
- 奥山津見神
- 闇山津見神
- 志藝山津見神
- 羽山津見神
- 原山津見神
- 戸山津見神

黄泉の国で伊邪那美神の体にまとわりついていた雷神(八雷神)
- 大雷…頭
- 火雷…胸
- 黒雷…腹
- 折雷…陰部
- 土雷…左手
- 若雷…右手
- 伏雷…左足
- 鳴雷…右足

古事記 神々の系図

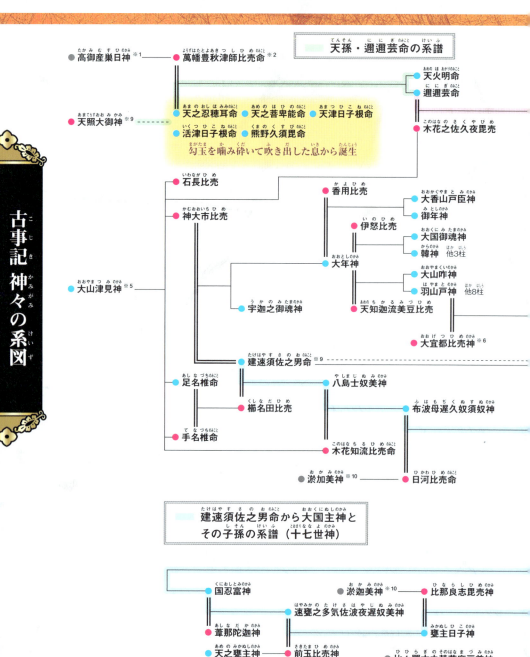

古事記 神々の系図

日向三代から神武天皇への系譜

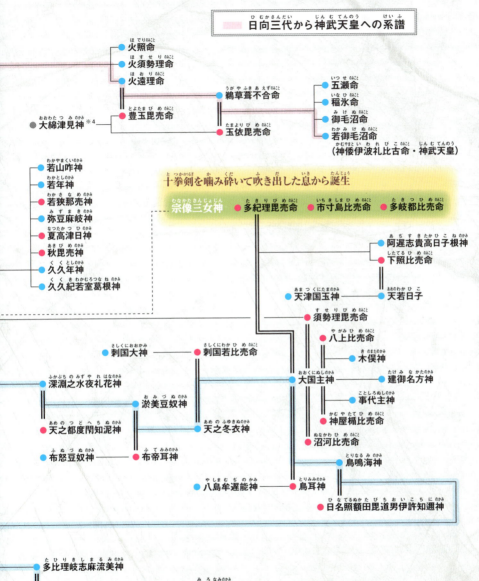

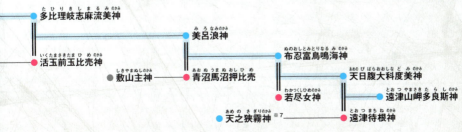

索引（50音順）

あ

- 足名椎命 — 102
- 阿遅志貴高日子根神 — 131
- 熱田大神 — 187
- 天津日子根命 — 81
- 天津麻羅 — 89
- 天照大御神 — 60
- 天手力男神 — 93
- 天石門別神 — 146
- 天宇受売命 — 92
- 天之忍穂耳命 — 79
- 天之尾羽張神 — 51
- 天香山命 — 172
- 天児屋根命 — 91
- 天佐具売 — 135
- 天之常立神 — 18
- 天之日矛 — 185
- 天火明命 — 193
- 天之菩卑能命 — 80
- 天之御影命 — 195
- 天之御中主神 — 14
- 天若日子 — 130
- 阿夜訶志古泥神 — 21
- 活杙神 — 20
- 生島神 — 29
- 活津日子根命 — 82
- 伊奢沙別命 — 198
- 伊邪那岐神 — 22
- 伊邪那美神 — 23
- 伊斯許理度売命 — 89
- 市寸島比売命〔宗像三女神〕 — 78
- 五瀬命 — 160
- 稲氷命 — 161
- 石折神 — 52
- 石筒之男神 — 52
- 石長比売 — 149
- 宇迦之御魂神 — 123
- 鵜草葺不合命 — 159
- 保食神 — 194
- 宇比地邇神 — 20
- 宇摩志阿斯訶備比古遅神 — 17
- 蛤貝比売 — 110
- 上筒之男命〔住吉三神〕 — 69
- 上津綿津見神〔綿津見三神〕 — 68
- 大吉備津日子命 — 184
- 大国主神 — 108
- 大宜都比売神 — 41
- 大年神 — 122
- 意富斗能地神 — 21
- 大斗乃弁神 — 21
- 大直毘神 — 67
- 大禍津日神 — 66
- 大宮能売神 — 200
- 大物主 — 120
- 大屋都比売神 — 196
- 大屋毘古神 — 111
- 大山咋神 — 125
- 大山津見神 — 38
- 大綿津見神 — 35
- 奥津日子神 — 124
- 奥津比売神 — 124
- 息長帯比売命 — 182
- 弟橘比売命 — 181
- 思金神 — 88
- 淤母陀琉神 — 21

か

- 家宅六神 — 34
- 金山毘古神 — 43
- 金山毘売神 — 43
- 神直毘神 — 67
- 神産巣日神 — 16
- 神大市比売 — 121
- 神倭伊波礼毘古命 — 170
- 賀茂別雷命 — 190
- 鹿屋野比売神 — 39
- 蚶貝比売 — 110

か		
	木俣神	113
	久延毘古	119
	久久能智神	37
	菊理媛神	188
	櫛名田比売	103
	国之常立神	19
	熊野久須毘命	83
	闇淤加美神	55
	闇御津羽神	55
	事代主神	132
	木花之佐久夜毘売	148

さ		
	猿田毘古神	145
	塩椎神	157
	下照比売命	134
	志那都比古神	37
	少名毘古那神	118
	須勢理毘売命	112
	須比智邇神	20
	住吉三神	69
	底筒之男命〔住吉三神〕	69
	底津綿津見神〔綿津見三神〕	68
	衣通姫	199

た		
	高御産巣日神	15
	多岐都比売命〔宗像三女神〕	78
	多紀理毘売命〔宗像三女神〕	78
	建内宿禰	186
	建速須佐之男命	62
	建御雷之男神	54
	建御名方神	133
	玉祖命	90
	玉依毘売命	160
	足島神	29
	道俣神	65
	衝立船戸神	64
	月読命	61
	角杙神	20
	手名椎命	102
	豊宇気毘売神	47
	豊玉毘売命	158
	鳥之石楠船神	40

な		
	中筒之男命〔住吉三神〕	69
	中津綿津見神〔綿津見三神〕	68
	泣沢女神	50
	邇藝速日命	171
	邇邇芸命	144
	根折神	52
	野見宿禰	191

は		
	波邇夜須毘古神	44
	波邇夜須毘売神	44
	速秋津比古神	36
	速秋津比売神	36
	火之迦具土神	42
	樋速日神	53
	水蛭子神	28
	経津主神	189
	布都御魂	173
	布刀玉命	90
	火遠理命	156
	火須勢理命	155
	火照命	154
	誉田別尊	197

ま		
	甕速日神	53
	御毛沼命	161
	弥都波能売神	45
	宗像三女神	78

や		
	八雷神	63
	八十神	109
	八十禍津日神	66
	矢乃波波木神	201
	倭建命	180
	夜麻登登母母曾毘売命	183
	萬幡豊秋津師比売命	147

わ		
	稚日女尊	192
	和久産巣日神	46
	綿津見三神	68

■ **監修者　椙山林継**（すぎやま・しげつぐ）

1940年、千葉県生まれ。國學院大學名誉教授。國學院大學大学院文学研究科博士課程修了。博士（歴史学）。國學院大学助手、同日本文化研究所助教授、所長等を経て、八雲神社宮司。祭祀考古学、神道学を専攻。祭祀考古学会会長。共著に『古代出雲大社の祭儀と神殿』（学生社）、『原始・古代日本の祭祀』（同成社）などがある。

■ **参考文献（順不同）**

『日本神話の源流』吉田敦彦著 講談社／『神話の系譜—日本神話の源流をさぐる』大林太良著 講談社／『八幡神と神仏習合』逵日出典著 講談社／『古事記（上・中・下）全訳注』次田真幸著 講談社／『口語訳古事記 完全版』三浦佑之訳・注釈 文藝春秋／『口語訳 古事記—神代編』三浦佑之訳・注釈 文藝春秋／『日本神話の女神たち』林道義著 文藝春秋／『図説 古事記と日本の神々 日本の神話が一気にわかる決定版！』吉田邦博著 学習研究社／『日本の神々の事典 神道祭祀と八百万の神々』薗田稔、茂木栄監修 学習研究社／『日本の神々 神徳・由来事典』三橋健編著 学習研究社／『決定版 古事記と日本の神々』吉田邦博著 学習研究社／『面白いほどよくわかる古事記 古代の神々・天皇が織り成す波瀾万丈の物語』島崎晋著 吉田敦彦監修 日本文芸社／『面白いほどよくわかる日本の神社 その発祥と日本の神々、名社・古社百社がよくわかる』渋谷申博著 鎌田東二監修 日本文芸社／『日本の神様を知る事典 日本の代表神70柱の出自と御利益』阿部正路監修 日本文芸社／『面白いほどよくわかる日本の神様 古事記を彩る神々の物語を楽しむ』田中治郎著 山折哲雄監修 日本文芸社／『すぐわかる日本の神々 聖地、神像、祭り、神話で読み解く』稲田智宏、堀越光信著 鎌田東二監修 東京美術／『すぐわかる日本の神社 「古事記」「日本書紀」で読み解く』稲田智宏、島田潔、平藤喜久子著 井上順孝監修 東京美術／『カレワラ神話と日本神話』小泉保著 日本放送出版協会／『神話学入門』カール・ケレーニイ、カール・グスタフ・ユング著 杉浦忠雄訳 晶文社／『世界の始まりの物語 天地創造神話はいかにつくられたか』吉田敦彦著 大和書房／『キーワードで引く古事記・日本書紀事典』武光誠、菊池克美編 東京堂出版／『読む・知る・愉しむ 古事記がわかる事典』青木周平編著 日本実業出版社／『ギリシア神話と日本神話 比較神話学の試み』吉田敦彦著 みすず書房／『日本神話の神々 そのルーツとご利益』戸部民夫著 三修社／『日本の神々と仏 信仰の起源と系譜をたどる宗教民俗学』岩井宏實監修 青春出版社／『日本の神さままるわかり事典』島崎晋著 明治書院／『神さまと神社 日本人なら知っておきたい八百万の世界』井上宏生著 祥伝社／『日本人なら知っておきたい古代神話』武光誠著 河出書房新社／『神仏習合』義江彰夫著 岩波書店／『八百万の神々 日本の神霊たちのプロフィール』戸部民夫著 新紀元社／『『日本の神様』がよくわかる本 八百万神の起源・性格からご利益までを完全ガイド』戸部民夫著 PHP研究所／『日本 神さま事典』三橋健、白山芳太郎編著 大法輪閣

★その他、多くの書籍やウェブサイトを参考にさせていただいております。

イラストでわかる 日本の神々の教科書

発行日	2016年9月28日 初版
監修	椙山 林継
発行人	坪井 義哉
発行所	株式会社カンゼン 〒101-0021　東京都千代田区外神田2-7-1　開花ビル TEL 03(5295)7723 FAX 03(5295)7725 http://www.kanzen.jp/ 郵便為替 00150-7-130339
企画・構成・編集	株式会社ライブ（竹之内大輔／花倉渚）
ライティング	小日向淳／中村仁嗣／遠藤圭子
イラスト	池田正輝／磯部泰久／伊藤サトシ／伊吹アスカ／米谷尚展／佐藤仁彦／月岡ケル／NAKAGAWA／中山けーしょー／ナチコ／虹之彩乃／七片藍／日田慶治／藤川純一／双羽純／三好載克／竜胆ヒマワリ
協力	永山あるみ／山崎香弥
カバー・本文デザイン	貞末浩子
DTP	株式会社ライブ
印刷・製本	株式会社シナノ

万一、落丁、乱丁などがありましたら、お取り替え致します。本書の写真、記事、データの無断転載、複写、放映は、著作権の侵害となり、禁じております。

ISBN 978-4-86255-371-3
Printed in Japan

定価はカバーに表示してあります。

本書に関するお電話等によるご質問には一切お答えできません。ご意見、ご感想に関しましては、kanso@kanzen.jpまでEメールにてお寄せ下さい。お待ちしております。